Nichts leichter als das.

DIE 50 WICHTIGSTEN PHILOSOPHIEN IN JE NUR 3 MINUTEN.

AMPERE
VOLT
6"

Nichts leichter als das.

Das Buch von *Coppenrath* für alle, die in nur 150 Minuten endlich wissen wollen, wie die *Welt denken* lernte.**

Herausgegeben von
Barry Loewer

Mit einem Vorwort von
Christian Suhm

Autoren
Julian Baggini
Kati Balog
James Garvey
Barry Loewer
Jeremy Stangroom

Ins Deutsche übertragen von
Christian Suhm

»ICH WEISS, DASS ICH NICHTS WEISS.«
DAS MUSS DOCH NICHT SEIN.
HIER ERFAHREN SIE DAS WESENTLICHE
ÜBER **DIE 50 WICHTIGSTEN PHILOSOPHIEN
IN JE NUR 3 MINUTEN.

COPPENRATH

ISBN 978-3-8157-9910-9

Ins Deutsche übertragen von **Dr. Christian Suhm**
Redaktion: **Katrin Gebhardt**
Textsatz: **Thomas Wolters** | Inter[net]litho
Umschlaggestaltung:
Groothuis, Lohfert, Consorten | glcons.de

This book was conceived, designed,
and produced by
Ivy Press
The Old Candlemakers
West Street, Lewes,
East Sussex BN7 2NZ, U.K.
www.ivy-group.co.uk

Creative Director **Peter Bridgewater**
Publisher **Jason Hook**
Editorial Director **Caroline Earle**
Art Director **Michael Whitehead**
Commissioning Editor **Nic Compton**
Designers **James Hollywell, Les Hunt**
Concept Design **Linda Becker**
Illustrations **Jon Raimes**
Glossaries & Profiles Text **Tom Jackson**
Picture Research **Lynda Marshall**
Fotonachweis
akg: 40, 88, 104, 126, 146
Corbis: 20
Bettmann: 64

Printed in China

www.coppenrath.de

INHALT

Vorwort

Christian Suhm

Die Philosophie gilt vielen als ein abgehobenes und trockenes Geschäft, das von zumeist etwas merkwürdigen und nicht recht im Leben stehenden Akademikern in mehr oder weniger starker Isolation von der breiten Öffentlichkeit betrieben wird. Damit geht der Eindruck einher, dass philosophische Ansichten und Theorien im Alltag wenig nützlich sind und lediglich zu langwierigen Diskussionen ohne greifbare Ergebnisse führen. Wieso sollte man sich also intensiver damit beschäftigen?

Wenn man jedoch erst einmal anfängt, sich mit Philosophie auseinanderzusetzen, merkt man recht bald, welche Einblicke sie jedem von uns in die grundlegendsten Bereiche des Lebens geben kann, welche Antworten sie auf drängende Fragen des Alltags und der Wissenschaft parat hält und welches Aufklärungs- und Orientierungspotenzial sie auch für jeden einzelnen besitzt. Ich bin sicher, dass Sie bei der Lektüre dieses Buches sehr schnell erkennen werden, wie sehr Sie die Philosophie betrifft und welche philosophischen Neigungen in Ihnen schlummern.

Um Ihnen Ihre philosophische Entdeckungsreise so angenehm wie möglich zu machen, werden Ihnen in diesem Buch die 50 wichtigsten philosophischen Ideen jeweils auf einer Seite übersichtlich präsentiert und erläutert. Drei Minuten sollten in der Regel ausreichen, um sich über eine kühne philosophische Theorie, etwa Descartes' berühmtes „Ich denke, also bin ich." oder eine Sternstunde der Philosophie wie Platons Höhle ins Bild zu setzen.

Für einen Autor oder Übersetzer ist es eine schwierige, aber auch faszinierende Aufgabe, komplexe und abstrakte Zusammenhänge so bündig wie möglich darzustellen. Meine philosophische Lehrerin Rosemarie Rheinwald hat von ihren Studierenden stets verlangt, jeden philosophischen Gedanken kurz und prägnant zusammenfassen zu können. Ich hoffe, dass ich ein gelehriger Schüler war und Ihnen ein leicht überschaubares und doch anspruchsvolles Kompendium philosophischer Ideen anbieten kann.

Mein Dank gilt Ana Honnacker, die für Rohfassungen der Übersetzungen dreier Kapitel verantwortlich zeichnet und mir viele wichtige fachliche Hinweise gegeben hat.

Gewidmet ist dieses Buch Rosemarie Rheinwald, die im Mai dieses Jahres nach schwerer Krankheit verstorben ist.

Münster im Juli 2009

Worum geht es überhaupt?
Existiert Gott? Wie soll ich mich verhalten? Was ist wirklich? Woher wissen wir das, was wir wissen? – In diesem Buch werden erfahrene Philosophen Ihnen in einem Schnellkurs die Grundlagen unseres philosophischen Wissens vermitteln.

Platons Idealismus

Alle bedeutenden Fragen haben mit den großen griechischen Philosophen begonnen. Nach Platon ist alles in der Welt lediglich ein Abbild seiner wahren, idealen Form, die jenseits der konkreten Wirklichkeit existiert. Platon verglich die Abbilder mit den unruhigen Schatten, die ein Feuer an eine Höhlenwand wirft (siehe Seite 120).

EINLEITUNG

Barry Loewer

Die Philosophie versucht den Dingen auf den Grund zu gehen, indem sie Fragen stellt und Antworten gibt. Für die Wissenschaft sind beispielsweise die folgenden Fragen zentral: „Was sind die Ziele der Wissenschaft?", „Worin besteht die wissenschaftliche Methode und warum ist sie so erfolgreich?", „Was ist ein wissenschaftliches Gesetz?" oder „Was ist die Zeit?". Wissenschaftler halten meistens nicht inne, um solche Grundlagenfragen zu stellen, da sie viel zu beschäftigt sind, ihre Wissenschaft selbst zu betreiben. Sie kommen bestens zurecht, indem sie, explizit oder implizit, bestimmte Ansichten akzeptieren und nicht weiter hinterfragen. Über Grundlagenfragen nachzudenken und systematische Konzeptionen der Fundamente der Wissenschaft zu entwickeln, das bleibt den Wissenschaftsphilosophen überlassen.

Andere Zweige der Philosophie beschäftigen sich mit den Grundlagen der Ethik, der Kunst, der Religion, der Mathematik, der Psychologie, der Sprache und mit dem Geist im Allgemeinen. Für jedes Thema und jedes menschliche Unterfangen gibt es in der Tat eine entsprechende Philosophie, die in die fundamentalen Fragen des jeweiligen Bereichs eintaucht. Die allgemeinsten Teildisziplinen der Philosophie sind die Ontologie (die davon handelt, was es gibt), die Erkenntnistheorie (die davon handelt, wie und wie viel wir wissen) und die Ethik (die davon handelt, was wir tun sollen).

Philosophen denken seit mindestens 2.500 Jahren über die fundamentalen Fragen nach. Es fing mit den großen griechischen Philosophen Sokrates, Platon und Aristoteles an und hat sich fortgesetzt bis in unsere Zeit, in der die meisten (aber nicht alle) Philosophen auch Universitätsprofessoren sind. Die Philosophie hat sich als eine Art der Konversation unter den Philosophen über all die Jahrhunderte entwickelt. Die Frage danach, was Wissen ist, wurde beispielsweise von den Griechen gestellt, ihre Antworten wurden von mittelalterlichen Philosophen diskutiert, und deren Antworten haben wiederum Descartes, Leibniz und Hume im 17. und 18. Jahrhundert erörtert und weiterentwickelt. Ein zeitgenössischer Philosoph, der sich mit dieser Frage beschäftigt, wird daher ein Auge auf die Geschichte werfen, ein anderes darauf, was seine Kolleginnen und Kollegen sagen. Im Zuge dieser fortgesetzten Diskussionen sind viele Probleme, Positionen und Paradoxien herausgearbeitet worden. In diesem Buch werden Sie eine Auswahl davon finden.

WIE MAN (IN WENIG MEHR ALS) IN 3 MINUTEN ZUM PHILOSOPHEN WIRD

Barry Loewer

Wenn Sie bezweifeln, in 3 Minuten zum Philosophen werden zu können, dann haben Sie den ersten kleinen Schritt, um einer zu werden, bereits getan. Die Einstellung der Skepsis und die Neigung, zu fragen, sind für die Philosophie zentral. Indem Sie Ihre Überzeugungen und diejenigen anderer vorurteilsfrei hinterfragen, werden Sie zu einem besseren Verständnis dessen gelangen, wovon Sie überzeugt sind. So werden Sie auch sich selbst besser erkennen. Ich werde Ihnen nun zudem ein paar Fragen stellen, die Sie auf dem Weg zum Philosophen voranbringen.

Die meisten von uns glauben, dass man Versprechen halten soll. Aber ist das immer richtig? Was ist, wenn Burt verspricht, Hilarys Pistole zurückzugeben, aber erkennt, dass Hilary die Waffe benutzen will, um Willard zu erschießen? Sollte Burt die Pistole zurückgeben? Nehmen wir an, Sie denken „Nein, nicht in diesem Fall". Der nächste philosophische Schritt würde dann darin bestehen, ein allgemeines Prinzip anzugeben, das uns sagt, wann man Versprechen halten soll. Vielleicht kommt Ihnen folgende Regel in den Sinn: „Halte deine Versprechen, es sei denn, jemand anderes erleidet dadurch Schaden." (Das kann nicht ganz richtig sein, da beispielsweise die Einhaltung des Versprechens, seinem Ehepartner treu zu sein, natürlich dem potenziellen Liebhaber bzw. der potenziellen Liebhaberin schadet.)

Als nächstes fragen Sie sich das Folgende: „Warum sollten wir dieser oder irgendeiner anderen ethischen Regel folgen?" Manche glauben, dass wir ethischen Geboten gehorchen sollten, da sie von Gott stammen. Aber selbst wenn Sie davon überzeugt sind, dass Gott existiert, ist dies nicht richtig. Denn – so würde es Sokrates sagen – ein Versprechen zu halten ist nicht deshalb richtig, weil Gott es befiehlt, sondern Gott befiehlt es, weil es richtig ist. Aber warum ist es richtig? Wenn Sie nachforschen, was Philosophen zu dieser Frage in den vergangenen 2.500 Jahren gesagt haben, werden Sie feststellen, dass es sehr viel Uneinigkeit gegeben hat.

Manche Menschen glauben, dass es Zeitverschwendung ist, über solche Fragen nachzudenken, da man ohnehin niemals zu einem Ergebnis kommen wird. Einige sind jedoch begeistert von dem Aufwerfen immer neuer Fragen, dem Nachdenken über vorläufige Antworten, dem Weiterfragen usf. Selbst wenn wir viele dieser Fragen nicht abschließend beantworten können, bringt uns der Prozess des Fragens doch einem Verständnis unserer selbst ein bisschen näher.

Denken Sie nach!
Wenn Sie sich bereits fragen, warum dieses Buch existiert, dann sind Sie auf dem besten Weg, ein Philosoph zu werden.

AMPERE
VOLT

SPRACHE & LOGIK

SPRACHE & LOGIK

GLOSSAR

Annahme Prämisse, Voraussetzung eines Schlusses. Aus den Annahmen eines Schlusses wird seine Schlussfolgerung gefolgert bzw. geschlussfolgert. In dem Argument „(1) Alle Menschen sind sterblich. (2) Sokrates ist ein Mensch. (3) Also ist Sokrates sterblich." sind die Aussagen (1) und (2) die Prämissen.

Argument Ein Schluss, dessen Annahmen eine Schlussfolgerung rechtfertigen sollen. Ein Beispiel: (1) Alle Menschen sind sterblich. (2) Sokrates ist ein Mensch. (3) Also ist Sokrates sterblich.

Deduktion Ein Schluss von einer allgemeinen Aussage auf eine besondere Schlussfolgerung. Zum Beispiel: Alle Schnecken essen Salat. Dieses Lebewesen hier ist eine Schnecke. Also isst dieses Lebewesen hier Salat.

Gültigkeit Die besondere Weise, in der Annahmen und Schlussfolgerungen in erfolgreichen Argumenten logisch zusammenhängen. Wenn die Annahmen eines Arguments wahr sind und das Argument gültig ist, muss die Schlussfolgerung wahr sein.

Induktion Ein Schluss von vielen besonderen Aussagen auf eine allgemeine Aussage oder andere besondere Aussagen. Zum Beispiel: Diese Schnecke hier isst Salat, jene Schnecke dort tut dies auch, eine dritte Schnecke isst auch Salat, usw. Also essen alle Schnecken Salat.

Kennzeichnung Ein sprachlicher Ausdruck, der eine Person, einen Ort oder eine Sache herausgreift, z. B. „der gegenwärtige Präsident der Vereinigten Staaten von Amerika" oder „die Hauptstadt von Frankreich".

Logik Das Studium von Schlüssen. Es gibt viele Zweige und Formen der Logik. Sie reichen von der informellen Logik, mit der die Struktur von Argumenten in natürlichen Sprachen untersucht wird, über die formale Logik, also die Erforschung rein abstrakter, formaler Strukturen von Schlüssen, bis hin zu Themen wie dem mathematischen Beweis, der Modalität (Begriffe der Möglichkeit und Notwendigkeit), der Computerwissenschaft, den Fehlschlüssen, der Wahrscheinlichkeit und vielem mehr.

Logische Form Sie wird nach Auffassung einiger Philosophen durch die Analyse der verborgenen logischen Struktur unter der oberflächlichen Syntax von Aussagen enthüllt. Bertrand Russell war beispielsweise der Meinung, dass man bestimmte Probleme mit der Bezugnahme auf nicht existierende Gegenstände, wie etwa bei dem Ausdruck „der gegenwärtige König Frankreichs", lösen kann, indem man die versteckte logische Struktur dieser Ausdrücke aufdeckt.

Paradoxie Eine Spannung oder ein Widerspruch zwischen zwei Behauptungen, die offensichtlich beide wahr sind. Das Problem entsteht oft, wenn widersprüchliche Aussagen logisch aus einer anderen Aussage zu folgen scheinen, die man für wahr hält.

Prädikat Der Teil eines Satzes, mit dem einem Subjekt eine Eigenschaft zugesprochen wird; das, was über das Subjekt ausgesagt oder behauptet wird. In dem Satz „Sokrates ist betrunken." ist „betrunken" das Prädikat.

Referenz Nach Auffassung mancher Philosophen und Logiker das Objekt, auf das mit einem sprachlichen Ausdruck Bezug genommen wird. Die Referenz des Ausdrucks „Mark Twain" ist die wirkliche Person Mark Twain.

Schluss Der Übergang von Annahmen (Prämissen) zu einer Schlussfolgerung (Konklusion). Schlüsse stellen in der Regel Argumente dar.

Schlussfolgerung Konklusion; die Aussage, die in einem Argument gerechtfertigt werden soll. In dem Argument „(1) Alle Menschen sind sterblich. (2) Sokrates ist ein Mensch. (3) Also ist Sokrates sterblich." ist Aussage (3) die Schlussfolgerung.

Sinn Nach Auffassung einiger Sprachphilosophen und Logiker die kognitive Bedeutung eines sprachlichen Ausdrucks. Die Ausdrücke „Morgenstern" und „Abendstern" beziehen sich auf dasselbe Objekt, nämlich den Planeten Venus. Der Unterschied zwischen ihnen muss also etwas mit ihrem verschiedenen Sinn zu tun haben.

Subjekt Der Teil eines Satzes, dessen Bezugsgegenstand eine Eigenschaft zugesprochen wird. In dem Satz „Sokrates ist betrunken." ist „Sokrates" das Subjekt.

DIE SYLLOGISMEN DES ARISTOTELES

Vor mehr als 2.300 Jahren bemerkte Aristoteles, dass es bei bestimmten Schlüssen unmöglich ist, dass ihre Annahmen wahr, ihre Schlussfolgerungen aber falsch sind. Ein Beispiel stellt der Schluss von „Alle Menschen sind sterblich." und „Alle Sterblichen fürchten den Tod." auf „Alle Menschen fürchten den Tod." dar. In der modernen Logik werden solche Schlüsse deduktiv gültig genannt. Aristoteles entdeckte, dass die Gültigkeit eines Schlusses nicht von seinem Inhalt, sondern allein von der Form seiner Annahmen und seiner Schlussfolgerung abhängt. Alle Schlüsse der Form „Alle Fs sind Gs, und alle Gs sind Hs, also sind alle Fs Hs." sind gültig. Aristoteles stellte eine Reihe solcher Schlussformen zusammen, die er „Syllogismen" nannte. Bis zum 19. Jahrhundert umfasste die Logik im Wesentlichen Aristotelische Syllogismen. Syllogismen stellen jedoch nur einen kleinen Teil aller gültigen Schlüsse dar. Sie umfassen vor allem viele Muster gültigen Schließens nicht, die in Wissenschaft und Mathematik Anwendung finden. 1879 legte Gottlob Frege eine allgemeine Konzeption gültiger Schlüsse vor, die es erlaubt, auch wissenschaftliche und mathematische Schlüsse zu erfassen. Ein Nachkomme des Frege'schen Systems, die sogenannte „Logik erster Stufe mit Identität", wird heutzutage gemeinhin als hinreichend für die Darstellung mathematischer Theorien und Beweise angesehen und von allen Philosophiestudierenden gelernt.

GRUNDGEDANKE

Ein Schluss ist gültig, falls es unmöglich ist, dass seine Annahmen (Prämissen) wahr sind und seine Schlussfolgerung (Konklusion) falsch ist.

WEITERGEDACHT

Im 20. Jahrhundert wurden zwei grundlegende Annahmen bewiesen, die die Logik erster Stufe betreffen: Sie ist vollständig und unentscheidbar. Kurt Gödel zeigte, dass es möglich ist, einen Computer so zu programmieren, dass er alle gültigen Schlüsse auflistet (Vollständigkeit). Alonso Church bewies, dass es unmöglich ist, einen Computer so zu programmieren, dass er für jeden Schluss entscheidet, ob dieser gültig oder ungültig ist.

VERWANDTE THEMEN

siehe auch
RUSSELLS PARADOXIE & FREGES LOGIZISMUS
Seite 18

DENKER

ARISTOTELES
384–322 v. Chr.

GOTTLOB FREGE
1848–1925

KURT GÖDEL
1906–1978

ALONZO CHURCH
1903–1995

Für Aristoteles war das logisch – wir sind Menschen, wir werden sterben, daher fürchten wir uns. Vielen Dank, Aristoteles!

RUSSELLS PARADOXIE & FREGES LOGIZISMUS

Bertrand Russell dachte sich eine tiefsinnige und verwirrende Paradoxie aus, als er sich mit Gottlob Freges System der Logik beschäftigte. Frege war der Ansicht, dass man allein mit Hilfe logischer Prinzipien alle mathematischen Begriffe definieren und alle mathematischen Wahrheiten beweisen könne. Das hinter dieser Ansicht stehende Programm, die Mathematik auf die Logik zurückzuführen, wird „Logizismus" genannt. Hätte Frege die Wahrheit des Logizismus zeigen können, wäre dies eine der größten Errungenschaften in der Geschichte der Philosophie gewesen. Doch seine Version des Logizismus scheiterte. Eines der logischen Prinzipien, die man benötigt, um die Existenz von Zahlen, Funktionen und anderen mathematischen Objekten zu beweisen, lautet folgendermaßen: Zu jedem Prädikat P der Form „ist F" gibt es eine Menge von Dingen, die F sind. Hier sind zwei Beispiele: Das Prädikat „ist eine Primzahl" bestimmt eine Menge von Zahlen, nämlich {2, 3, 5, 7, ...}. Und das Prädikat „ist eine Menge" bestimmt die Menge aller Mengen. 1903 zeigte Russell jedoch mit dem folgenden Argument, dass ein Selbstwiderspruch droht: Man betrachte das Prädikat „ist kein Element seiner selbst". Nach dem oben erläuterten logischen Prinzip gibt es folglich eine Menge – nennen wir sie R – aller Mengen, die sich nicht selbst als Element enthalten. Ist R nun ein Element seiner selbst? Wenn es das ist, ist es das nicht. Und wenn es das nicht ist, dann ist es das. Das ist offensichtlich ein Widerspruch – und ein verheerender Schlag für Frege und den Logizismus!

GRUNDGEDANKE

Die Menge aller Mengen, die sich nicht selbst als Element enthalten, ist selbst sowohl ein Element ihrer selbst als auch kein Element ihrer selbst.

WEITERGEDACHT

Der folgenden Paradoxie liegen ähnliche Überlegungen wie der von Russell zugrunde: „Ein Barbier rasiert nur all diejenigen, die sich nicht selbst rasieren." Wenn der Barbier sich selbst rasiert, rasiert er sich nicht selbst. Und wenn er es nicht tut, dann tut er es. Diese Paradoxie kann man leicht auflösen, indem man nämlich akzeptiert, dass es einen solchen Barbier nicht geben kann. Frege konnte jedoch nicht in analoger Weise die Russell'sche Paradoxie auflösen, da er sein logisches Prinzip verwendete, um die Existenz von Mengen in der Mathematik zu beweisen.

VERWANDTE THEMEN

siehe auch
DIE SYLLOGISMEN DES ARISTOTELES
Seite 16

DENKER

BERTRAND RUSSELL
1872–1970

Rasiert derjenige, der die rasiert, die sich selbst rasieren, die wenigsten oder die meisten? Vielleicht sollten Männer, die darüber nachdenken, sich einen Bart stehen lassen.

384 v. Chr.
Geboren in Stagira, Makedonien

367 v. Chr.
Kommt nach Athen und tritt der Platonischen Akademie bei

347 v. Chr.
Zieht von Athen nach Assos in Kleinasien, dann nach Lesbos und schließlich in das Königreich Makedonien, wo er den späteren König Alexander den Großen unterrichtet

334 v. Chr.
Rückkehr nach Athen und Gründung des Lyzeums

323 v. Chr.
Flucht nach Chalkis auf der Insel Euböa

322 v. Chr.
Stirbt in Chalkis

ARISTOTELES

Es dürfte kaum möglich sein, die Bedeutung des Aristoteles für die Geschichte der Philosophie zu überschätzen. So wie er die Regeln des gültigen Schließens in der Logik festlegte, leistete er grundlegende und bahnbrechende Arbeiten in fast allen in der Antike bekannten Wissensgebieten: Ethik, Politik, Metaphysik, Biologie, Physik, Psychologie, Ästhetik, Poetik, Rhetorik, Kosmologie, Mathematik und Philosophie des Geistes.

Aristoteles wurde 384 v. Chr. in der makedonischen Stadt Stagira, heute im nördlichen Griechenland gelegen, geboren. Er war der Sohn des Nikomachos, des Leibarztes von König Amyntas III. von Makedonien. Im Jahr 367 v. Chr. kam Aristoteles nach Athen und trat der Platonischen Akademie bei. Dort blieb er 20 Jahre lang, zunächst als Student, später als Lehrer. Nach Platons Tod 347 v. Chr. gelangte er wiederum nach Makedonien, wo er den späteren König Alexander den Großen erzog. Danach ging er zurück nach Athen und gründete seine eigene Schule, das Lyzeum. Sie ist auch als „peripatetische" Schule bekannt, vermutlich benannt nach der Gewohnheit der Lehrer, während des Unterrichts in den Wandelhallen des Lyzeums entlangzuschlendern. Aristoteles blieb bis 323 v. Chr. in Athen, als er aufgrund anti-makedonischer Ressentiments in der Stadt in Schwierigkeiten geriet und des unfrommen Verhaltens beschuldigt wurde. Da er geschworen hatte, dass Athen sich nicht ein zweites Mal gegen die Philosophie versündigen sollte (wie 399 v. Chr. beim Todesurteil gegen Sokrates), floh er aus der Stadt und gelangte nach Chalkis auf der Insel Euböa, wo er im darauffolgenden Jahr im Alter von 62 Jahren starb.

Unglücklicherweise wissen wir weniger über die Umstände, unter denen Aristoteles seine großartigen Werke hervorbrachte, als über sein Leben. Es ist wahrscheinlich, dass die meisten seiner überlieferten Abhandlungen nicht für die Veröffentlichung bestimmt waren, sondern von seinen Nachfolgern aus Vorlesungsnotizen zusammengestellt und veröffentlicht wurden. Das erklärt zum Teil, warum sie so schwer zu lesen sind – sie sind voll von technischen Ausdrücken, detaillierten Diskussionen, Widersprüchlichkeiten und Lücken. Nichtsdestotrotz ist sein Werk ein glanzvoller Höhepunkt der klassischen Welt, und es findet in seiner Bedeutung für die Entwicklung der Philosophie nicht seinesgleichen.

RUSSELLS THEORIE DER KENNZEICHNUNGEN

Bertrand Russell behauptete, dass die Referenz eines Ausdrucks seine Bedeutung ist. Zunächst dachte er, dass die Bedeutung einer Kennzeichnung, z. B. „der gegenwärtige König von Frankreich", ein bestimmtes Objekt sei, in diesem Fall ein bestimmter König. Aber Frankreich hat keinen König, sodass Russell vermutete, dass der König in irgendeiner Weise existieren muss, obgleich er nicht in der konkreten Welt zu finden ist. Bald jedoch kam Russell zu dem Ergebnis, dass dies zu viel obskure Ontologie ins Spiel bringe, und schlug daher seine Theorie der Kennzeichnungen vor. An der These, dass die Referenz die Bedeutung eines sprachlichen Ausdrucks ist, hielt er indes fest. Die zentrale Idee seiner Theorie ist, dass ein Ausdruck wie „der gegenwärtige König von Frankreich" keine eigene Bedeutung hat, aber jeder Satz, in dem dieser Ausdruck auftaucht, in einen anderen Satz übersetzt werden kann, in dem er nicht mehr vorkommt. „Der gegenwärtige König von Frankreich ist kahlköpfig." wird übersetzt in „Es gibt genau einen gegenwärtigen König von Frankeich, und der ist kahlköpfig." Wenn das korrekt ist, dann muss der ursprüngliche Satz mit der Kennzeichnung falsch sein. Russell war der Auffassung, dass der zweite Satz die logische Form des ersten offenlegt. Da der Ausdruck „der gegenwärtige König von Frankreich" in dem zweiten Satz nicht mehr auftaucht, muss es keinen bestimmten König geben, damit der Satz eine Bedeutung hat.

GRUNDGEDANKE

Die logische Form des Satzes „Der gegenwärtige König von Frankreich ist kahlköpfig." wird in folgendem Satz deutlich: „Es gibt genau einen König von Frankreich, und der ist kahlköpfig."

WEITERGEDACHT

Der Russell'schen Theorie liegt die Idee zugrunde, dass ein Satz eine „logische Form" hat, die es leicht macht, seine Bedeutung und seine Logik zu verstehen. Nachfolgende Philosophen und Linguisten, unter ihnen Ludwig Wittgenstein und Noam Chomsky, sind maßgeblich von dieser Idee beeinflusst worden.

VERWANDTE THEMEN

siehe auch
FREGES RÄTSEL
Seite 24
WITTGENSTEINS ABBILDTHEORIE DER SPRACHE
Seite 138

DENKER

BERTRAND RUSSELL
1872–1970

LUDWIG WITTGENSTEIN
1889–1951

NOAM CHOMSKY
1928–

Was immer Russell auch sagen mag, dies ist bestimmt nicht der gegenwärtige König von Frankreich. Er trägt nur eine Krone, um seine Glatze zu verbergen.

FREGES RÄTSEL

In seinen frühen Schriften zur Sprache vertrat der große Logiker Gottlob Frege die Ansicht, dass die Bedeutung eines Namens seine Referenz sei. Die Bedeutung des Namens „Mont Blanc" sei z. B. der Berg selbst. In späteren Arbeiten erkannte Frege indes, dass zwei Namen dieselbe Referenz haben und sich doch in ihrer Bedeutung unterscheiden können. Seine Überlegung war die folgende: Wenn die Bedeutung eines Namens schlichtweg seine Referenz ist und zwei Namen dieselbe Referenz haben, dann sollte es keinen Unterschied für die Bedeutung eines Satzes machen, welcher der beiden Namen in ihm auftritt. Da „Abendstern" und „Morgenstern" beides Namen des Planeten Venus sind, sollten folglich die beiden Sätze (1) „Der Abendstern ist der Morgenstern." und (2) „Der Abendstern ist der Abendstern." dieselbe Bedeutung haben. Frege sah jedoch, dass die beiden Sätze sehr wohl unterschiedliche Bedeutungen haben, da (1) eine bedeutende astronomische Entdeckung zum Ausdruck bringt, während es sich bei (2) um eine Trivialität handelt. Eine Erklärung für diesen Umstand zu finden, macht Freges Rätsel aus. Nach Freges eigener Lösung liegt die Bedeutung eines Namens nicht allein in seiner Referenz, sondern auch in seinem Sinn. Der Sinn eines Namens besteht in einer bestimmten Gegebenheitsweise, durch die ein Individuum (sofern es eines gibt) herausgegriffen wird. Damit kann Frege behaupten, dass „Abendstern" und „Morgenstern" unterschiedliche Sinne besitzen, obgleich sie dieselbe Referenz haben. Zudem wird so erklärt, wie (1) informativ sein kann und (2) eine Trivialität ist. Ein Großteil der Diskussionen in der Sprachphilosophie des 20. Jahrhunderts betrifft Freges Begriff des Sinns.

GRUNDGEDANKE

Wenn „Abendstern" und „Morgenstern" nur zwei unterschiedliche Namen für denselben Gegenstand sind – den Planeten Venus –, wie können die Sätze „Der Abendstern ist der Morgenstern." und „Der Abendstern ist der Abendstern." verschiedene Bedeutungen haben?

WEITERGEDACHT

Viele Philosophen halten den Begriff des Sinns für obskur. Der Logiker Saul Kripke meinte, dass Namen überhaupt keinen Sinn haben. Nach seiner Auffassung wird die Referenz eines Namens nicht durch einen Sinn festgelegt, sondern durch eine Kette von Verwendungen des Namens, die mit der ersten Benennung begonnen hat. So können wir den Namen „Thales" auf einen bestimmten Philosophen beziehen, auch wenn wir gar nichts über ihn wissen. Wir können dies dennoch tun, da wir den Namen von jemandem erfahren haben, der sich bereits auf Thales bezogen hat.

VERWANDTE THEMEN

siehe auch
RUSSELLS PARADOXIE UND FREGES LOGIZISMUS
Seite 18

RUSSELLS THEORIE DER KENNZEICHNUNGEN
Seite 22

DENKER

GOTTLOB FREGE
1848–1925

Sie sagen „Morgenstern", ich sage „Abendstern" – doch lassen Sie uns mit diesem Streit um Worte aufhören und einfach von der Venus sprechen.

GÖDELS THEOREM

GRUNDGEDANKE
Für jede (hinreichend starke) mathematische Theorie gibt es wahre Aussagen, die innerhalb der Theorie nicht bewiesen werden können.

WEITERGEDACHT
Einige Philosophen und der Physiker Roger Penrose haben mit folgender Argumentation behauptet, Gödels Theorem zeige, dass unser Geist nicht wie ein Computer arbeitet: Gödel hat bewiesen, dass in keinem Axiomensystem die Widerspruchsfreiheit des Systems selbst gezeigt werden kann. Wenn unser Geist wie ein Computer arbeitet, der einem Programm folgt, können wir also nicht erkennen, ob unsere Aussagen widerspruchsfrei sind. Da wir das aber offensichtlich können, arbeitet unser Geist nicht wie ein Computer.

Gödels Theorem ist das tiefgreifendste Ergebnis der mathematischen Logik. Es hat weitreichende philosophische Konsequenzen für die Grenzen des Wissens und das Wesen des Geistes. Im System der modernen Logik können arithmetische Aussagen ausgedrückt werden, z. B.: „Für jedes Paar von Zahlen n und m gilt: n + m = m + n." Man kann zudem Axiome formulieren – die sogenannten „Peano-Axiome" –, mit deren Hilfe viele mathematische Wahrheiten bewiesen werden können.

Es kam jedoch die Frage auf, ob man ausgehend von diesen Axiomen alle arithmetischen Wahrheiten beweisen könne, ohne eine falsche Aussage zu beweisen. Kurt Gödel beantwortete diese Frage mit Nein. Zunächst entdeckte er eine Kodierung, durch die arithmetische Aussagen so interpretiert werden können, dass sie etwas über sich selbst aussagen und darüber, was mit verschiedenen Axiomen bewiesen werden kann. Dann fand er eine arithmetische Aussage (K), die in seiner Kodierung Folgendes besagt: „(K) ist nicht beweisbar." Er schlussfolgerte, dass die Axiome eine falsche Aussage beweisen, falls (K) beweisbar ist. Aber wenn (K) nicht beweisbar ist, dann ist die Aussage wahr, und folglich gibt es eine Wahrheit, die die Axiome nicht beweisen.

Es gibt nicht nur mathematische Wahrheiten, die nicht mit den Peano-Axiomen bewiesen werden können, vielmehr bleiben grundsätzlich in Axiomensystemen einige Wahrheiten unbeweisbar. Dies wird als „Gödels Unvollständigkeitstheorem" bezeichnet. Mit ihm scheint eine Grenze für mathematisches Wissen gesetzt zu sein.

VERWANDTE THEMEN
siehe auch
DIE LÜGNER-PARADOXIE DES EPIMENIDES
Seite 28

DENKER
KURT GÖDEL
1906–1978

ROGER PENROSE
1931–

Selbst als sein Gehirn durch einen Computer ersetzt wurde, war Kurt nicht in der Lage, die unerkennbaren Wahrheiten zu entdecken.

R12
R10
R11
GRN.
T2
RED
GRN.
R13
BLK
T3
C3
V1
R5
R7
GRN.
R4
R6
C4

DIE LÜGNER-PARADOXIE DES EPIMENIDES

Epimenides ist ein Philosoph, der im 6. vorchristlichen Jahrhundert auf Kreta gelebt hat und von dem der folgende Satz überliefert ist: „Alle Kreter sind Lügner." Wenn seine Äußerung wahr ist, dann lügt er, und was er sagt, ist falsch. Dies ist eine antike Version der sogenannten „Lügner-Paradoxie". Eine moderne Form sieht wie folgt aus: (1) „Satz (1) ist nicht wahr." Wenn Satz (1) wahr ist, ist er nicht wahr. Und wenn er nicht wahr ist, dann ist er wahr. Die Paradoxie entsteht, da es zur Bedeutung des Ausdrucks „ist wahr" zu gehören scheint, dass das Folgende gilt: Für jeden beliebigen Satz S können wir aus S folgern, dass S wahr ist. Ebenso können wir daraus, dass S wahr ist, gültig auf S schließen. Aus (1) können wir sowohl darauf schließen, dass (1) wahr ist als auch dass (1) nicht wahr ist. Das ist paradox! Die berühmteste Antwort auf die Lügner-Paradoxie stammt von dem Logiker Alfred Tarski, der zwischen einer Sprache L und einer Meta-Sprache ML, in der man sich auf Sätze der Sprache L bezieht, unterschied. Damit ist es möglich, das Prädikat „ist wahr in L" in ML zu definieren, ohne dass eine Paradoxie entsteht.

GRUNDGEDANKE
Dieser Satz ist falsch.

WEITERGEDACHT
Der Begriff der Wahrheit ist in der Philosophie und den Wissenschaften dermaßen wichtig, dass es viele Versuche gegeben hat, die Lügner-Paradoxie aufzulösen. Tarskis Idee hat zur Konsequenz, dass man einen einheitlichen Wahrheitsbegriff aufgeben muss, der auf alle Sprachen anwendbar ist. Andere Philosophen haben das Schlussfolgern von S darauf, dass S wahr ist, eingeschränkt. Wieder andere haben sogar Logiken entwickelt, in denen bestimmte Widersprüche akzeptiert werden.

VERWANDTE THEMEN
siehe auch
GÖDELS THEOREM
Seite 26

DENKER
EPIMENIDES
SECHSTES JAHRHUNDERT V. CHR.

ALFRED TARSKI
1901–1983

Wer von Ihnen hat behauptet, dass die Wahrheit selten klar und niemals einfach ist? Wer immer es auch war, er ist ein Lügner.

DER HAUFEN DES EUBULIDES

Harry hat ein Gewicht von 100 Kilogramm und gilt als dicker Mann. Daran ändert sich nichts, wenn sein Gewicht auf 99,99 Kilogramm sinkt. Jeder Mann, der so viel wiegt wie Harry, ist ebenfalls dick. Ein paar Gramm mehr oder weniger können nicht den Unterschied zwischen dick und dünn ausmachen. Wenn das stimmt, dann ist auch jemand dick, der 99,98 Kilogramm wiegt, und auch jemand, der 99,97 Kilogramm auf die Waage bringt, und so fort. Sie werden an der Überzeugung festhalten, dass einige Gramm nicht über dick und dünn entscheiden – aber wenn Sie den Gedankengang der grammweisen Gewichtsreduzierung fortsetzen, werden Sie irgendwann zu einer Person gelangen, die nur noch 40 Kilogramm wiegt. Diese jedoch noch als dick zu bezeichnen, ist absurd. Es liegt eine Paradoxie vor, da eine Reihe von offensichtlich wasserdichten logischen Schritten zu einer vollkommen falschen Schlussfolgerung führt. Doch weder die Logik noch die Überzeugungen weisen einen klaren Fehler auf. Die Situation ähnelt der Paradoxie des Haufens, die von dem griechischen Philosophen Eubulides vorgebracht wurde. Danach ist ein Sandhaufen immer noch ein Haufen, wenn er nur noch aus einem Sandkorn besteht – sofern man seine Sandkörner eines nach dem anderen entfernt hat.

GRUNDGEDANKE
Warum aus einem Maulwurfshügel niemals ein Berg wird.

WEITERGEDACHT
Was zeigt uns die Paradoxie? Vielleicht, dass Begriffe wie „dick“ und „dünn“ vage sind und es ein Fehler wäre, anzunehmen, sie bezögen sich auf klare Fakten. Vielleicht aber auch, dass es entgegen unseren Intuitionen eine klare Grenze zwischen dick und dünn oder einem Haufen und einem kleinen Stapel gibt und dass sich die Sachlage durch ein Gramm oder ein Sandkorn ändern kann.

DENKER
EUBULIDES
VIERTES JAHRHUNDERT V. CHR.

Die Veränderung von einem dünnen zu einem dicken Mann und wieder zurück beginnt mit einem einzelnen Gramm.

-1
-2
-3
-4
-5
-6
-7
-8
-9
-10
-11
-12
-13
-14
-15
-16
-17
-18
-19
-20
-21
-22
-23
-24

WISSENSCHAFT & ERKENNTNISTHEORIE

WISSENSCHAFT & ERKENNTNISTHEORIE

GLOSSAR

Annahme Prämisse, Voraussetzung eines Schlusses. Aus den Annahmen eines Schlusses wird seine Schlussfolgerung gefolgert bzw. geschlussfolgert.

Außenwelt Die Welt der Dinge, wie sie unabhängig von unseren Erfahrungen mit den Dingen existiert. Im Gegensatz dazu steht die „innere" Welt der Gedanken, Wahrnehmungen, Gefühle usf.

Deduktion Ein Schluss von einer allgemeinen Aussage auf eine besondere Schlussfolgerung. Zum Beispiel: Alle Schnecken essen Salat. Dieses Lebewesen hier ist eine Schnecke. Also isst dieses Lebewesen hier Salat.

Dualismus Ein metaphysischer Standpunkt, gemäß dem das Universum letztlich aus genau zwei Sorten von Dingen aufgebaut ist: aus physischen Dingen und aus geistigen Dingen.

Erkenntnistheorie Ein Zweig der Philosophie, der die Erforschung der menschlichen Erkenntnis – ihrer Natur, ihrer Quellen und ihrer Grenzen – zum Thema hat.

Gedankenexperiment Ein bloß vorgestellter Fall, der dazu dienen soll, unsere Intuitionen in eine bestimmte Richtung zu leiten bzw. unseren Gedanken über eine bestimmte Fragestellung Klarheit zu verleihen. Für Philosophen sind Gedankenexperimente gleichsam Reagenzröhrchen, mittels derer ein Teil der geistigen Welt von allem anderen getrennt wird, sodass wir einen klareren Blick auf diesen Teil gewinnen.

Gettier-Beispiele Gegenbeispiele zu der traditionellen Auffassung von Wissen als gerechtfertigter, wahrer Überzeugung. Üblicherweise wird ein Fall geschildert, in dem jemand eine gerechtfertigte, wahre Überzeugung besitzt, die aufgrund zufälliger Umstände aber nicht als Wissen gilt. Gettier-Beispiele tragen ihren Namen zu Ehren des Philosophen, der sie zuerst formulierte: Edmund Gettier.

Induktion Ein Schluss von vielen besonderen Aussagen auf eine allgemeine Aussage oder andere besondere Aussagen. Zum Beispiel: Diese Schnecke hier isst Salat, jene Schnecke dort tut dies auch, eine dritte Schnecke isst auch Salat usw. Also essen alle Schnecken Salat. Allerdings gibt es ein grundlegendes Problem bei Induktionen, das David Hume berühmt gemacht hat. Ein neues Rätsel der Induktion wurde von Nelson Goodman formuliert.

Induktive Regel Ein Prinzip, das den Schluss von vielen besonderen Aussagen auf eine generelle Schlussfolgerung legitimiert und üblicherweise als Fundament des induktiven Folgerns angesehen wird. Es gibt mehrere Kandidaten: Das Universum ist uniform (einförmig); die Zukunft wird so sein wie die Vergangenheit; alles geschieht überall regelmäßig, etc.

Paradigma Eine Menge von Überzeugungen und Auffassungen von Wissenschaftlern, die (bisweilen bloß implizit) geteilt werden und damit deren Forschung leiten, die Formulierung von Problemen ermöglichen und vorgeben, was als eine Problemlösung und als ein gutes Experiment gelten darf.

Rechtfertigung Belege oder Gründe, die für die Wahrheit einer Überzeugung oder einer Aussage angeführt werden.

Relativismus Eine Reihe von Ansichten, denen zufolge eine Sache (z. B. Moral) von einer anderen Sache (z. B. kulturelle Werte) abhängt, die veränderlich ist. Da es in der Regel keinen ausgezeichneten Beurteilungsmaßstab gibt (da z. B. alle kulturellen Werte gleichberechtigt und daher gleichwertig sind), gibt es keine Rechtfertigung für die Wahl des einen oder anderen Standpunktes (daher gilt die Moral beispielsweise als relativ zu kulturellen Werten).

Schluss Der Übergang von Annahmen (Prämissen) zu einer Schlussfolgerung (Konklusion). Schlüsse stellen in der Regel Argumente dar.

Schlussfolgerung Das Ergebnis eines Schlusses, also das, worauf geschlossen wird.

Skeptizismus Die Ansicht, dass es kein Wissen gibt, da unsere Wissensansprüche nicht gerechtfertigt werden können. Der Skeptizismus kann lokal und auf ein bestimmtes, bloß vermeintliches Wissen gerichtet sein (z. B. der Skeptizismus bezüglich Berichten über Wunder), oder radikal bzw. global, wenn er all unser mutmaßliches Wissen in Zweifel zieht.

Wahrheit Gemäß dem altehrwürdigen Begriff von Wahrheit, der von Aristoteles entwickelt wurde, heißt die Wahrheit zu sagen, von dem, was ist, zu sagen, dass es ist, und von dem, was nicht ist, zu sagen, dass es nicht ist.

Zirkelargument Besteht aus Annahmen, die zur Stützung einer Schlussfolgerung vorgebracht werden, wobei die Schlussfolgerung zwar nicht mit einer der Annahmen identisch ist, aber ein nicht zulässiger, kreisförmiger Gedankengang zugrunde liegt. Ein berühmtes Beispiel ist das folgende: Alles, was ich klar und deutlich wahrnehme, ist wahr. Ich weiß das, weil Gott mich erschaffen hat und weil Gott mich nicht täuscht. Das wiederum weiß ich, weil ich es klar und deutlich wahrnehme, und alles, was ich klar und deutlich wahrnehme, ist wahr.

ICH DENKE, ALSO BIN ICH

René Descartes, vielleicht der erste große moderne Philosoph, kam zu der Ansicht, dass viel von dem, was er von seinen Jesuitischen Lehrern gelernt hatte, zweifelhaft war. Enttäuscht von dem Mangel an Weisheit in der Welt machte er sich daran, die Grundlagen echten, unbezweifelbaren Wissens herauszufinden. In seinen *Meditationen über die erste Philosophie* bediente er sich der Methode des radikalen Zweifels, um wenigstens eine Überzeugung auszumachen, die er nicht mehr zu bezweifeln vermochte. Seine Vorgehensweise bestand im Besonderen darin, jede einzelne seiner Überzeugungen zu untersuchen und fallenzulassen, falls es möglich wäre, sie zu bezweifeln. Es war für ihn ein Leichtes, zu zeigen, dass die Wahrheit all unserer sinnlichen Wahrnehmungen bezweifelt werden kann – wir könnten z. B. fortwährend träumen, ohne uns dessen bewusst zu sein. Ferner glaubte er – und dies ist sicherlich kontrovers –, dass wir von einem bösen Dämon über absolut alles, auch die einfachsten Wahrheiten der Mathematik wie 1+1=2, getäuscht werden könnten. Glücklicherweise belegt seine Technik des Zweifelns auch, dass im Vorgang des Zweifelns selbst ein „Ich" involviert sein muss, das zweifelt. So konnte Descartes, da das Zweifeln schließlich auch eine Form des Denkens ist, sagen „Cogito ergo sum." („Ich denke, also bin ich.").

GRUNDGEDANKE

Man kann vieles bezweifeln: die Existenz anderer geistiger Wesen, dass Menschen Körper haben, selbst die Klugheit von Philosophen. Aber man kann nicht bezweifeln, dass es ein „Ich" gibt, das zweifelt.

WEITERGEDACHT

Das Hauptproblem der Descartes'schen Zweifelsmethode liegt darin, dass die unbezweifelbare Wahrheit „Ich existiere." nicht ausreicht, um unser zunächst bezweifeltes Wissen von der Welt und der Mathematik zurückzugewinnen. Descartes vertraute in einer trickreichen Argumentation auf Gott: Zunächst wird bewiesen, dass Gott existiert und kein Betrüger ist. Wenn Gott kein Betrüger ist, dann werden wir nicht systematisch über die Dinge getäuscht, die wir klar und deutlich erkennen. Nun ist es leicht, viele unserer zunächst angezweifelten Überzeugungen zurückzugewinnen und zu sichern.

VERWANDTE THEMEN

siehe auch
GEHIRNE IM TANK
Seite 42

DENKER

RENÉ DESCARTES
1596–1650

René war sich sicher, dass es ihn gab – aber er war sich nicht sicher über die anderen beiden.

GETTIERS GEGENBEISPIELE

Was ist Wissen? Seit Platon glauben Philosophen, dass Wissen in wahrer, gerechtfertigter Überzeugung besteht. Diese dreiteilige Definition des Wissens gibt die folgenden Bedingungen an: (1) Um etwas zu wissen, muss man davon überzeugt sein, (2) es muss wahr sein, und (3) die Überzeugung, dass es wahr ist, muss gerechtfertigt sein. Doch dann kam Edmund Gettier. Nehmen wir an – so seine Überlegung –, dass sich Smith um einen Job bewirbt und gerechtfertigterweise davon überzeugt ist, dass Jones ihn erhalten wird. Smith hat ebenso gute Gründe dafür, zu glauben, dass Jones zehn Münzen in seiner Hosentasche hat. Wenn Smith nun ein wenig Logik anwendet, kommt er zu der gerechtfertigten Schlussfolgerung, dass die Person, die den Job erhalten wird, zehn Münzen in ihrer Hosentasche hat. Tatsächlich aber erhält Smith den Job; und er hat, obgleich er dies nicht wusste, ebenfalls zehn Münzen in seiner Hosentasche. Das bedeutet, dass Smith eine wahre, gerechtfertigte Überzeugung hatte, nämlich dass die Person, die den Job bekommt, zehn Münzen in der Hosentasche hat. Doch natürlich wusste er dies nicht. Denn er wusste nicht, dass er zehn Münzen in der Hosentasche hatte, und er war nicht einmal davon überzeugt, dass er den Job erhalten würde. Er hatte zwar eine wahre, gerechtfertigte Überzeugung, aber das war reines Glück, kein Wissen. Es gibt zahlreiche weitere Gegenbeispiele gegen die dreiteilige Wissensdefinition nach Platon. Sie werden als „Gettier-Fälle" bezeichnet.

GRUNDGEDANKE
Wie man mit guten Gründen das Richtige glauben kann, ohne es wirklich zu wissen.

WEITERGEDACHT
Philosophen haben auf Gettier folgendermaßen reagiert: Die Dinge, von denen man eine Überzeugung hat, und die Überzeugungen selbst müssen in der richtigen Weise miteinander verknüpft sein, damit von Wissen die Rede sein kann. Es hat sich allerdings als äußerst schwierig herausgestellt, zu sagen, was diese richtige Weise ist. Muss die Verbindung verlässlich, felsenfest oder vielleicht kausal sein? Manche Philosophen glauben daher, dass wir die Idee aufgeben sollten, solche Begriffe wie „Wissen" durch genaue Kriterien zu bestimmen.

DENKER
EDMUND GETTIER
1927–

Das Einzige, das Smith wirklich wusste, war, dass er Glück hatte, als er den Job bekam – viel Geld hatte er nämlich nicht mehr übrig.

1 2 3 4 5 6 7 8 9 10

1902
Geboren in Wien (Österreich-Ungarn)

1935
Veröffentlichung von *Logik der Forschung*

1937
Verlässt Österreich und nimmt in Neuseeland eine Dozentur am Canterbury University College an

1945
Veröffentlichung von *Die offene Gesellschaft und ihre Feinde*

1949
Professor für Logik und wissenschaftliche Methode an der London School of Economics

1957
Veröffentlichung von *Das Elend des Historizismus*

1959
Logik der Forschung erscheint in Englisch unter dem Titel *The Logic of Scientific Discovery*

1969
Emeritierung

1994
Stirbt in London

KARL POPPER

Karl Popper wird wahrscheinlich am häufigsten mit seinem „Falsifikationismus" in Verbindung gebracht, einer Position, die die Wissenschaftstheorie in der zweiten Hälfte des 20. Jahrhunderts maßgeblich geprägt hat. Die Bandbreite seiner Interessen war indes sehr weit. Er hat bedeutende Werke vorgelegt, die von der Politischen Philosophie bis zur Philosophie des Geistes reichen. Am Ende seines Lebens füllten seine gesammelten Arbeiten sage und schreibe 450 Kartons im Popper-Archiv des Hoover-Instituts der Universität Stanford.

Popper wurde 1902 in Wien als jüngstes Kind einer kleinbürgerlichen Familie jüdischer Abstammung geboren. Er wurde in der Lutherischen Tradition erzogen und studierte Philosophie, Mathematik, Psychologie und Physik an der Universität Wien. Obgleich er sich in seiner Jugend vom Marxismus angezogen fühlte und dem Verband sozialistischer Studenten beitrat, wurde er der Beschränkungen des historischen Materialismus rasch überdrüssig und nahm die politische Position des sozialen Liberalismus ein, der für sein weiteres Leben bestimmend bleiben sollte.

Sein erstes großes Werk, *Logik der Forschung*, wurde 1935 veröffentlicht (allerdings erst 1959 ins Englische übersetzt). In diesem Buch entwickelte er die Grundzüge seiner Leitidee der Falsifikation, die Befürworter und Kritiker seiner Position gleichermaßen beeinflusst hat. Innerhalb einer bemerkenswert produktiven Phase von zehn Jahren folgten *Das Elend des Historizismus*, eine Kritik der Auffassung, dass die Geschichte durch Gesetzmäßigkeiten bestimmt ist, und *Die offene Gesellschaft und ihre Feinde*, eine unter der Bedrohung durch Totalitarismus und Faschismus in zwei Bänden vorgebrachte Verteidigung der Prinzipien des sozialen Liberalismus.

Unzweifelhaft wurden Poppers politische Ansichten von seinen persönlichen Erfahrungen beeinflusst. 1937 verließ er in Angst vor dem Aufstieg des Nationalsozialismus Österreich, wo er als Schullehrer arbeitete, und nahm eine Stelle als Dozent für Philosophie am Canterbury University College in Neuseeland an. Nach dem Ende des Zweiten Weltkriegs ging er an die renommierte London School of Economics, wo er 1949 Professor für Logik und wissenschaftliche Methode wurde. Dort blieb er bis zu seiner Emeritierung im Jahr 1969. Karl Popper starb 1994. Er steht in dem Ruf, einer der bedeutendsten Philosophen des 20. Jahrhunderts zu sein.

GEHIRNE IM TANK

Das Gedankenexperiment der Gehirne im Tank, von dem eine Version als Grundlage der *Matrix*-Filme diente, wird von Philosophen eingesetzt, um uns etwas über unser Wissen von der Welt zu sagen. Das Gedankenexperiment sieht wie folgt aus: Ein Gehirn wird dem Körper einer Person entnommen, in einen mit Nährflüssigkeit gefüllten Tank gebracht und mit einer Anlage verbunden, die dem Gehirn genau die elektrischen Impulse gibt, die es normalerweise von der äußeren Welt erhält. Die grundlegende Idee, die hinter dem Experiment steht, besteht darin, den Eindruck einer virtuellen Realität zu vermitteln, die ununterscheidbar von der wirklichen Welt ist. Damit ergibt sich das Problem des radikalen Skeptizismus. Im Besonderen zeigt sich die Möglichkeit, dass wir in einer virtuellen Welt leben, es aber nicht wissen. Das würde wiederum bedeuten, dass all unsere Überzeugungen über die Welt – auch beispielsweise die Überzeugung, dass ich gerade einen Text mit einem Computerprogramm anfertige – falsch sind. Wenn wir akzeptieren, dass dies möglich ist, dann müssen wir auch zugestehen, dass wir nicht wirklich wissen können, dass das, was wir über die Welt zu wissen meinen, wahr ist. Wenn also ein Szenario, wie es in dem Film *Matrix* dargestellt wird, möglicherweise wahr ist, haben wir uns damit abzufinden, dass es kein sicheres Fundament für unser Wissen über die Welt gibt.

GRUNDGEDANKE
Sie denken, dass Sie gerade dieses Buch in Händen halten und diesen Satz lesen. In Wirklichkeit aber sind Sie ein Gehirn im Tank, das von einem Supercomputer in Boston mit elektrischen Impulsen versorgt wird!

WEITERGEDACHT
Der Philosoph Hilary Putnam verwirft die skeptischen Schlussfolgerungen aus dem Gedankenexperiment der Gehirne in Tank. Er argumentiert – sehr verkürzt dargestellt – wie folgt: Die Wörter, die eine Person in einer virtuellen Welt verwendet, beziehen sich auf Elemente dieser Welt (also z. B. Gehirne, Nährlösungen in Tanks oder böse Neurowissenschaftler), nicht auf Gegenstände einer mutmaßlichen Außenwelt. Ob ich beispielsweise unter einem Baum sitze oder nicht, hängt daher von den Tatschen in der Welt ab, in der ich mich befinde (sei sie virtuell oder nicht).

VERWANDTE THEMEN
siehe auch
ICH DENKE, ALSO BIN ICH
Seite 36

DENKER
HILARY PUTNAM
1926–

Gewiss sind Sie mehr als ein Gehirn im Tank. Sind Sie ganz sicher? Oder ist dies vielleicht doch ein Bild von Ihnen?

HUMES INDUKTIONS-PROBLEM

GRUNDGEDANKE
Woher wissen wir, dass die Zukunft der Vergangenheit gleichen wird?

WEITERGEDACHT
Peter Strawson hat die Behauptung aufgestellt, dass die Regel der Induktion gar keiner Begründung bedürfe, da das induktive Folgern ein wesentlicher Teil unserer Rationalität sei. Max Black war der Ansicht, dass ein bestimmter induktiver Schluss durch die Regel „Geh davon aus, dass die Zukunft der Vergangenheit gleichen wird!" gerechtfertigt sein kann und dass diese Regel selbst gerechtfertigt ist, da sie in der Vergangenheit stets verlässlich war. Hans Reichenbach versuchte zu zeigen, dass die Induktion wahrheitsförderlich ist, wenn es einen verlässlichen Weg gibt, von der Vergangenheit auf die Zukunft zu schließen. Keine dieser Antworten trifft Humes Herausforderung jedoch im Kern, da sie alle nicht zeigen, dass die Regel der Induktion wahrheitsförderlich ist.

David Hume dachte intensiv darüber nach, dass wir sehr oft von dem, was wir in der Vergangenheit beobachtet haben, auf das schließen, was wir in der Zukunft beobachten werden. Wir schlussfolgern z. B. aufgrund der Tatsache, dass alle bislang beobachteten Smaragde grün sind, dass auch alle zukünftig beobachteten Smaragde grün sein werden. Gedankengänge dieser Art werden „induktive Schlüsse" genannt. Hume stellte die folgende Regel der Induktion auf: Geh davon aus, dass Regelmäßigkeiten, die in der Vergangenheit bestanden haben, auch in Zukunft auftreten werden! Er sah indes auch, dass induktive Schlüsse, die dieser Regel genügen, nicht deduktiv gültig sind. Es ist logisch möglich, dass die Aussage „Alle beobachteten Smaragde sind grün." wahr ist, obgleich die Aussage „Alle Smaragde sind grün." falsch ist. Hume fragte nun: „Wenn induktive Schlüsse nicht gültig sind, warum sollten wir dann glauben, dass sie uns verlässlich zur Wahrheit führen?" Auch wenn die bislang beobachteten Smaragde grün sind, könnten sie ab morgen alle blau sein. Hume war daher der Ansicht, dass es kein nicht-zirkuläres Argument dafür gäbe, dass seine induktive Regel verlässlich zur Wahrheit führe, selbst wenn induktive Schlüsse faktisch zur Wahrheit führen.
Er glaubte weiterhin, dass es Teil der menschlichen Natur sei, induktive Schlüsse zu ziehen, wenn es auch keine Rechtfertigung der Induktion gebe. Viele Philosophen haben Humes Argumentation als Herausforderung begriffen, eine zirkelfreie Begründung der Verlässlichkeit von induktiven Schlüssen zu geben. Allerdings hat dies bisher niemand erfolgreich getan. Wenn Hume Recht hat, wird dies auch nie jemandem gelingen.

VERWANDTE THEMEN
siehe auch
GOODMANS NEUES RÄTSEL DER INDUKTION
Seite 46

VERMUTUNGEN & WIDERLEGUNGEN À LA POPPER
Seite 48

DENKER
DAVID HUME
1711–1776

HANS REICHENBACH
1891–1953

MAX BLACK
1909–1988

PETER STRAWSON
1919–2006

Als er den blauen Smaragd gefunden hatte, begann er alles in Frage zu stellen. Die Sonne war an jedem Morgen seines bisherigen Lebens aufgegangen, aber würde sie es auch morgen tun?

GOODMANS NEUES RÄTSEL DER INDUKTION

Nelson Goodman erweiterte die Hume'sche Skepsis gegenüber induktiven Schlüssen und konfrontierte die Philosophie mit einem neuen Rätsel der Induktion. Er behauptete, die induktive Regel „Geh davon aus, dass vergangene Regelmäßigkeiten auch in Zukunft bestehen werden!" könne nicht gerechtfertigt werden, da sie zu widersprüchlichen Schlussfolgerungen führe. Um das zu zeigen, definierte er ein künstliches Prädikat „ist blün" („blün" steht für „blaugrün") in der folgenden Weise: Etwas ist blün genau dann, wenn es bei allen bislang gemachten Beobachtungen grün war, ab morgen aber blau sein wird. Man nehme nun an, dass alle bislang beobachteten Smaragde grün sind. Diese Smaragde sind ebenfalls blün, weil sie sich bislang als grün herausgestellt haben. Gemäß der oben genannten induktiven Regel sollten wir also sowohl darauf schließen, dass alle Smaragde in Zukunft grün sein werden, als auch darauf, dass sie blün sein werden. Von morgen an werden blüne Smaragde aber blau sein, nicht grün! Goodman schlussfolgerte angesichts dieses absurden Ergebnisses, dass die Regel der Induktion derart verändert werden muss, dass die Zukunft der Vergangenheit nur in bestimmten Hinsichten gleicht, die er „projizierbar" nannte. Das Problem besteht indes darin, auszumachen, welche Prädikate projizierbar sind und welche nicht. Man kann erwägen, „blün" für nicht projizierbar zu halten, da es mittels der Prädikate „grün" und „blau" definiert ist. Allerdings lassen sich die Prädikate „grün" und „blau" umgekehrt genauso leicht durch die Prädikate „blün" und „grau" (kurz für „grünblau") definieren (dies sei dem Leser als Hausaufgabe gegeben!).

GRUNDGEDANKE
Die induktive Regel „Geh davon aus, dass vergangene Regelmäßigkeiten auch in Zukunft bestehen werden!" muss derart verändert werden, dass sie nur für projizierbare Prädikate gilt.

WEITERGEDACHT
Bevor Goodman sein neues Rätsel der Induktion präsentierte, hatte Bertrand Russell bereits bemerkt, dass die Annahme, die Zukunft werde der Vergangenheit gleichen, bisweilen (tödlich) in die Irre führen kann. Er dachte an ein Huhn, das beobachtet hat, dass sein Bauer in der Vergangenheit stets ein anderes Huhn als es selbst für das Abendessen ausgewählt hatte. Das Huhn würde davon ausgehen, der Bauer werde auch in Zukunft nicht es selbst, sondern andere Hühner verspeisen.

VERWANDTE THEMEN
siehe auch
HUMES INDUKTIONSPROBLEM
Seite 44

VERMUTUNGEN & WIDERLEGUNGEN À LA POPPER
Seite 48

DENKER
NELSON GOODMAN
1906–1998

Am 25. des Monats stellte der Hahn fest, dass seine Induktion die ganze Zeit über ungültig war. Er wurde blün vor Schreck.

2 3 4 5 6 7
9 10 11 12 13 14
16 17 18 19 20 21
23 24 25 26 27 28
30 31

VERMUTUNGEN & WIDERLEGUNGEN À LA POPPER

Karl Popper verwarf die Auffassung, dass die Wissenschaften mittels des induktiven Folgerns von Beobachtungen auf Regelmäßigkeiten voranschreiten. Er behauptete im Gegenteil, dass das wissenschaftliche Wissen durch Vermutungen und Widerlegungen anwächst. Sein Mantra war: „Man kann eine Theorie (oder Hypothese) nicht als wahr erweisen; nicht einmal vermag man induktiv Indizien für ihre Wahrheit anzuführen. Man kann sie aber widerlegen (falsifizieren), falls sie sich als falsch herausstellt." Für Popper zeichnet sich eine ordentliche wissenschaftliche Theorie dadurch aus, dass aus ihr viele überraschende Vorhersagen deduktiv folgen. Der Clou der Angelegenheit ist, dass dann, wenn eine deduktiv aus einer Theorie abgeleitete Vorhersage einer Beobachtung im Experiment nicht bestätigt wird, folgt, dass die Theorie selbst falsch ist. Popper vertrat die Ansicht, dass Wissenschaftler experimentell überprüfbare Hypothesen vorschlagen sollen und sich alle Mühe geben müssen, sie zu widerlegen. Wenn eine Vorhersage nicht eintritt, wissen wir, dass die dazugehörige Hypothese falsch ist. Entlang solcher Widerlegungen hat sich laut Popper das Wachstum des wissenschaftlichen Wissens von der Aristotelischen Physik über Newtons Physik bis hin zu Einsteins Relativitätstheorie vollzogen. Ergänzend erklärt Popper die Astrologie, die Freud'sche Psychoanalyse und den Marxismus zu pseudowissenschaftlichen Theorien, da ihre Befürworter gar nicht den Versuch unternehmen, ihre Hypothesen zu falsifizieren, und offensichtliche Widerlegungen abtun.

GRUNDGEDANKE

Wissenschaftlicher Fortschritt vollzieht sich durch Vermutungen und Widerlegungen.

WEITERGEDACHT

Der Finanzmann und Philanthrop George Soros war Student von Popper an der London School of Economics. Er verdiente Milliarden Dollar mit seinen Anlagen und Währungsgeschäften. Soros behauptet, Poppers Methode der Vermutung und Widerlegung bei Anlageentscheidungen angewandt zu haben, und schreibt ihr seinen Erfolg zu.

VERWANDTE THEMEN

siehe auch
HUMES INDUKTIONSPROBLEM
Seite 44

GOODMANS NEUES RÄTSEL DER INDUKTION
Seite 46

KUHNS WISSENSCHAFTLICHE REVOLUTIONEN
Seite 50

DENKER

KARL POPPER
1902–1994

GEORGE SOROS
1930–

Irgendwann war Karls Gehirn so groß geworden, dass er erkannte, dass seine einzige wahre Erkenntnis darin bestand, zu wissen, was falsch ist, niemals jedoch wissen zu können, was wahr ist.

E = mc2

KUHNS WISSENSCHAFTLICHE REVOLUTIONEN

In dem Buch *Die Struktur wissenschaftlicher Revolutionen*, das längst den Status eines wissenschaftstheoretischen Klassikers erlangt hat, argumentiert Thomas Kuhn, dass das, was er „normale Wissenschaft" nennt, im Kontext sogenannter Paradigmen stattfindet, die die Regeln und Standards für wissenschaftliches Arbeiten in den jeweiligen Disziplinen festlegen. Paradigmen erlauben es den Wissenschaftlern, Forschungsprobleme zu formulieren, erfolgreiche Forschungsstrategien zu entwickeln, neue Fragen aufzuwerfen, Ergebnisse zu interpretieren und deren Relevanz und Sinn zu analysieren. Ferner hat Kuhn die These aufgestellt, dass die Geschichte der Wissenschaft durch periodisch auftretende „wissenschaftliche Revolutionen" gekennzeichnet ist, während derer in einem bestimmten Wissenschaftsgebiet das bislang vorherrschende Paradigma durch ein neues Paradigma ersetzt wird. Dies sei z. B. geschehen, als das antike Ptolemäische Weltbild durch das Kopernikanische System abgelöst wurde. Einer wissenschaftlichen Revolution geht eine Phase der Krise voraus, in der die Rätsel und Unstimmigkeiten zunehmen und es klar wird, dass ein bestehendes Paradigma nicht länger aufrecht erhalten werden kann. Eine Revolution findet schließlich statt, wenn ein neues Paradigma die Zustimmung der wissenschaftlichen Gemeinschaft findet. Dadurch wird die Krise beendet und eine neue Periode der normalen Wissenschaft eingeleitet. Kuhn ist indes nicht der Auffassung, aus dem Modell kontinuierlich wechselnder Paradigmen folge, dass es keinen wissenschaftlichen Fortschritt gibt. Er plädiert im Gegenteil dafür, dass moderne wissenschaftliche Theorien insofern besser als ältere Theorien sind, als sie ein größeres Potenzial besitzen, wissenschaftliche Problemstellungen unter vielen verschiedenen Bedingungen zu lösen.

GRUNDGEDANKE

Die Arbeit einer wissenschaftlichen Gemeinschaft wird bestimmt durch die Vorgaben eines wissenschaftlichen Paradigmas, das die Vorherrschaft besitzt, bis ein besseres Paradigma das Kommando übernimmt.

WEITERGEDACHT

Das Hauptproblem des Ansatzes von Thomas Kuhn liegt darin, dass er eine gewisse Form des Relativismus bezüglich Wahrheit nahelegt. Wenn die Regeln und Maßstäbe für die Bewertung von wissenschaftlichen Wahrheitsansprüchen bloß im Kontext eines Paradigmas angewendet werden, ist es unmöglich, über den Wahrheitsgehalt konkurrierender Behauptungen (außerhalb bzw. jenseits dieses Paradigmas) zu urteilen. Es gibt außerdem keine Möglichkeit, die jeweiligen Verdienste besonderer Paradigmen zu bewerten, da es keinen unabhängigen, neutralen Standpunkt gibt, von dem aus eine solche Bewertung vorgenommen werden kann.

VERWANDTE THEMEN

siehe auch
VERMUTUNGEN & WIDERLEGUNGEN À LA POPPER
Seite 48

DENKER

THOMAS KUHN
1922–1996

Nach einer wissenschaftlichen Revolution, einem „Paradigmenwechsel", landen viele wissenschaftliche Theorien im Papierkorb der Wissenschaftsgeschichte.

GEIST & METAPHYSIK

GEIST & METAPHYSIK

GLOSSAR

Behaviorismus Eine Gruppe von Positionen, gemäß denen sich Äußerungen über geistige Dinge (Träume, Hoffnungen, Überzeugungen usf.) oder sogar geistige Dinge selbst auf das Verhalten zurückführen lassen, d. h. auf die sichtbaren Bewegungen und Aktivitäten von Körpern.

Bewusstsein Der Aspekt unseres geistigen Lebens, der mit Wachheit und Aufmerksamkeit oder mit Erfahrungen von der Welt in Verbindung gebracht wird. Thomas Nagel kam in einer berühmten Argumentation zu dem Ergebnis, dass es sich in einer gewissen Weise anfühlt, ein bewusstes Wesen dieser oder jener Art zu sein. Dieses „Wie-es-sich-anfühlt" ist das Bewusstsein.

Determinismus Die Auffassung, dass jedes Ereignis vollständig durch vorangehende Bedingungen, d. h. durch die es verursachenden Ereignisse, bestimmt wird. Spult man das Universum zum Jahr 2001 zurück und lässt es wieder vorwärts laufen – alles wird genauso geschehen wie zuvor. Was den Anschein freier Entscheidungen und Handlungen erweckt, ist ebenfalls determiniert.

Dualismus Eine metaphysische Position, nach der das Universum letztlich aus bloß zwei Sorten von Dingen aufgebaut ist: aus physischen Dingen und aus geistigen Dingen.

Empfindung Die besondere Art und Weise, wie sich bestimmte unmittelbare Eindrücke anfühlen: z. B. nagender Hunger, der Stachel der Eifersucht, die Säuerlichkeit des Geschmacks eines grünen Apfels, die Qualen eines Schmerzes oder ein lästiges Kribbeln.

Epiphänomenalismus Eine Ansicht über das Verhältnis von Körper und Geist, nach der alle (oder beinahe alle) geistigen Phänomene bloß die Nebenprodukte („Epiphänomene") physischer Wechselwirkungen sind. Einige geistige Ereignisse mögen zwar andere geistige Ereignisse verursachen, aber geistige Phänomene haben keinerlei physische Wirkungen.

Freier Wille Die Instanz unserer Handlungs- und Entscheidungsautorität bzw. der Teil von uns, der vermeintlich die freie Wahl hat und in gewisser Weise unabhängig von Ursache-Wirkungs-Gesetzen ist. Diejenigen, die an den freien Willen glauben, sind im Unterschied zu Deterministen der Ansicht, dass wir manchmal die Kraft besitzen, uns von kausalen Zwängen freizumachen und zu wählen, welche Handlung wir ausführen.

Gerichtetheit Ein charakteristisches Merkmal von Gedanken, Wünschen, Wörtern, Bildern und ähnlichen Dingen, das manchmal auch mit dem Begriff „Intentionalität" bezeichnet wird. Die genannten Dinge scheinen über sich selbst hinauszuweisen. Ein Wort richtet sich auf etwas anderes als die Tinte, mit der es auf ein Blatt geschrieben ist. Ein Stein ist hingegen auf nichts gerichtet.

Metaphysik Der Zweig der Philosophie, der sich mit dem Wesen der Wirklichkeit befasst.

Monismus Die Ansicht, dass die Wirklichkeit letztlich aus bloß einer Sorte von Dingen aufgebaut ist.

Natürliche Sprachen Historisch-kulturell gewachsene Sprachen wie Englisch oder Deutsch. Natürliche Sprachen werden von sogenannten künstlichen Sprachen wie beispielsweise Computersprachen abgegrenzt. Noch etwas anderes ist, falls Jerry Fodor Recht hat, die Sprache des Geistes – eine Sprache, die logisch allen anderen Sprachen vorgeordnet ist.

Paradoxie Im Allgemeinen liegt eine Paradoxie vor, wenn ein gewisser Konflikt oder eine gewisse Spannung zwischen zwei Behauptungen besteht, die, jede für sich genommen, offensichtlich wahr sind. Besonders problematisch ist die Situation dann, wenn miteinander im Widerstreit stehende Aussagen logisch aus etwas zu folgen scheinen, das klarerweise wahr ist.

Personale Identität Dasjenige – was immer es auch sein mag –, das jemanden über die Zeit hinweg zu ein und derselben Person macht. Die wichtigsten Faktoren der personalen Identität sind die Kontinuität des Körpers und die Kontinuität des Geistes in der Zeit.

Vorstellbarkeit Ein Sachverhalt ist vorstellbar, wenn man ihn sich ohne Widersprüche ausmalen kann. Philosophisch wichtig ist, dass Vorstellbarkeit ein Anzeichen für Möglichkeit ist – was auch immer vorstellbar ist, ist auch möglich. Wahrscheinlich liegt kein Widerspruch darin, sich Kängurus ohne Schwanz vorzustellen, also kann es solche Wesen geben; aber ein vierseitiges Dreieck ist nicht vorstellbar und folglich unmöglich. Ähnliche Gedankengänge haben vermutlich weitreichende Konsequenzen in der Philosophie des Geistes.

DESCARTES' KÖRPER-GEIST-PROBLEM

In seinen *Meditationen* hat René Descartes das Körper-Geist-Problem formuliert. Es besteht darin, zu verstehen, wie Bewusstsein, Geist, Gedanken und der freie Wille in Beziehung zur materiellen, von den Naturwissenschaften beschriebenen Welt stehen. Descartes ging davon aus, dass Geist und Körper verschiedene Substanzen mit grundsätzlich unterschiedlichen Eigenschaften sind. Der Geist sei seinem Wesen nach denkend, nicht-räumlich und der Urheber freier Entscheidungen. Materielle Körper seien hingegen wesentlich räumlich ausgedehnt, nicht-denkend und beherrscht durch Bewegungsgesetze. Gemäß Descartes' Position, dem interaktionistischen Dualismus, sind in einer Person Geist und Körper miteinander vereint und beeinflussen einander fortwährend. Aber wie kann der Geist auf den Körper einwirken, wenn letzterer durch Naturgesetze bestimmt wird?

Die Antwort Descartes' lautete, dass Geist und Körper im Menschen an einer bestimmten Stelle innerhalb der Zirbeldrüse (eine kleine Drüse im Hirnstamm) miteinander in Wechselwirkung stehen. Nachfolgende Philosophen waren mit dieser Antwort nicht zufrieden und entwickelten zahlreiche alternative Theorien. Unter diesen finden sich erstens der Physikalismus: die Auffassung, dass Geist und Körper nicht grundsätzlich verschieden sind und der Geist in Wirklichkeit sogar ein körperliches Phänomen ist; zweitens der Idealismus, demzufolge die materielle Welt eine Illusion ist und nur der Geist existiert; drittens der Monismus, dessen Vertreter eine einzige neutrale Substanz in der Wirklichkeit annehmen, die sowohl geistige als auch körperliche Aspekte aufweist; viertens schließlich der Epiphänomenalismus, gemäß dem der Körper auf den Geist einwirken kann, der Geist aber nicht auf den Körper.

GRUNDGEDANKE

Ist der Geist ein nicht-physischer, seelenartiger Gegenstand, der den Körper kontrolliert, oder ist er mit dem Gehirn identisch, oder ist er etwas völlig anderes?

WEITERGEDACHT

Descartes war der Auffassung, dass die Gesetze der Physik dem Geist einen Spielraum lassen, die Bewegungen von Materie in der Zirbeldrüse (und damit im Körper) zu beeinflussen. Mit fortschreitenden Erkenntnissen in der Physik gelangten jedoch viele Philosophen zu der Überzeugung, dass sämtliche Bewegungen materieller Körper durch die Gesetze der Physik bestimmt werden. Dadurch bleibt kaum mehr nachvollziehbar, wie der Geist den Körper beeinflussen kann – es sei denn, der Geist ist selbst etwas Körperliches.

VERWANDTE THEMEN

siehe auch
BRENTANOS INTENTIONALITÄT
Seite 58

LAPLACE'SCHER DÄMON, DETERMINISMUS & FREIER WILLE
Seite 74

RYLES GEIST IN DER MASCHINE
Seite 76

DENKER

RENÉ DESCARTES
1596–1650

ARTHUR SCHOPENHAUER
1788–1860

Der Philosoph Arthur Schopenhauer nannte das Körper-Geist-Problem den „Weltknoten". Seine Auflösung steht immer noch aus.

BRENTANOS INTENTIONALITÄT

Was unterscheidet das Geistige vom Physischen? Laut Franz Brentano ist das Markenzeichen des Geistigen, dass es stets auf etwas anderes gerichtet ist, während das Physische einfach so existiert. Gedanken handeln *von* etwas, Wahrnehmungen sind Wahrnehmungen *von* etwas, wir urteilen *über* Dinge, und Liebe und Hass sind emotionale Einstellungen *gegenüber* geliebten und gehassten Menschen oder Dingen. Der Gedanke, dass London östlich von New York liegt, handelt *von* zwei Städten. Brentano betonte, dass physische Dinge niemals in dieser Weise auf etwas gerichtet sind. Ein Stein existiert schlechterdings, ohne etwas anderes zum Inhalt zu haben. Zwar beziehen sich auch sprachliche Ausdrücke, Gemälde, Landkarten usw. auf andere Dinge, aber diese Art der Gerichtetheit ist vom menschlichen Geist ersonnen und daher geistabhängig bzw. selbst geistig. Die Gerichtetheit des Geistigen nannte Brentano „Intentionalität". Es scheint indes auch Geistiges zu geben, das nicht durch seine Gerichtetheit auf anderes gekennzeichnet ist, z. B. Empfindungen oder unmittelbare Eindrücke. Ein Schmerz etwa scheint sich nicht auf etwas anderes zu beziehen. Für Brentano hat jedoch auch der Schmerz einen intentionalen Aspekt: nämlich die Repräsentation geschädigter Körperteile. Die meisten zeitgenössischen Philosophen akzeptieren, dass Intentionalität ein wesentliches Merkmal des Geistigen ist und dass es auf das Gehirn und seine Aktivitäten zurückgeführt werden kann. Wie das allerdings genau funktioniert, ist die Eine-Million-Euro-Frage der Philosophie.

GRUNDGEDANKE
Auf anderes gerichtet zu sein, ist das Wesen des Geistigen.

WEITERGEDACHT
Traditionellerweise werden Geist und Materie als zwei unterschiedliche Substanzen aufgefasst: Physische Dinge sind fest, ausgedehnt und besitzen eine Masse; geistige Dinge hingegen haben kein Gewicht und keine Dimension, gleichwohl sind sie etwas. Die Wirklichkeit in zwei grundsätzlich unterschiedene Sorten von Substanzen aufzuteilen, ist jedoch aus verschiedenen Gründen problematisch. Wie stehen die beiden Substanzen beispielsweise in Wechselwirkung zueinander? Das Geistige und das Physische mittels Intentionalität voneinander zu unterscheiden, ohne dass man metaphysische Annahmen über Substanzen machen muss, scheint daher eine verlockende Alternative zu sein.

VERWANDTE THEMEN
siehe auch
DESCARTES' KÖRPER-GEIST-PROBLEM
Seite 56

LAPLACE'SCHER DÄMON, DETERMINISMUS & FREIER WILLE
Seite 74

DENKER
FRANZ BRENTANO
1838–1917

Es mag nicht intendiert sein, aber zu angestrengt über Intentionalität nachzudenken, kann das Gehirn verletzen – oder ist es doch der Geist, der wund wird?

FODORS SPRACHE DES GEISTES

Der Philosoph Jerry Fodor hat eine kontroverse Theorie des Geistes entwickelt. Er glaubt, dass es eine angeborene Sprache des Geistes gibt, die er „Mentalese" nennt. Mentalese soll die Natur des Denkens (sowie anderer geistiger Fähigkeiten) und das Erlernen natürlicher Sprachen erklären. Wahrnehmungen, Erinnerungen und Intentionen beinhalten sämtlich einzelne Sätze in Mentalese. Wenn Sie also daran denken, dass Kermit grün ist, tritt in Ihrem Gehirn ein Satz in Mentalese auf, der „Kermit ist grün." bedeutet. Gedanken handeln von Objekten (z. B. von Kermit) und können wahr oder falsch sein, denn Sätze, die diese Gedanken ausdrücken, gehören zu der Sorte von Dingen, die von Objekten handeln und wahr oder falsch sein können.

Sätze in Mentalese gleichen insofern Sätzen natürlicher Sprachen, als sie eine grammatische Struktur besitzen; sie unterscheiden sich aber von ihnen, da sie nicht zur Kommunikation, sondern zum Denken verwendet werden. Mentalese geht den natürlichen Sprachen zeitlich und logisch voran. Laut Fodor setzt das Erlernen einer natürlichen Sprache wie dem Deutschen die Fähigkeit voraus, in Mentalese zu denken. Wenn wir die Bedeutung eines Wortes lernen, bringen wir es mit einem Wort in Mentalese in Verbindung. Während Mentalese selbst angeboren ist, wird die Fähigkeit, einen Ausdruck in Mentalese zu verwenden, mitunter durch bestimmte Erfahrungen ausgelöst. Fodor geht noch weiter und vergleicht sowohl bewusste als auch unbewusste geistige Vorgänge mit den Operationen eines Computers. Denken, Wahrnehmen und andere geistige Aktivitäten werden als Prozesse gedeutet, in denen Sätze in Mentalese verarbeitet werden.

GRUNDGEDANKE

Obgleich die meisten von uns es nicht wissen, sind wir Meister in der Verwendung von Mentalese – auch wenn wir diese Sprache nicht sprechen.

WEITERGEDACHT

Jüngste Ergebnisse der psychologischen Forschung mit Kleinkindern sprechen stark für die Auffassung, dass Neugeborene bereits mit einer großen Menge angeborenen Wissens ausgestattet sind. Zum Beispiel kennen sie den Unterschied zwischen lebendigen und leblosen Dingen. Kann es aber sein, dass ein Kleinkind schon über den Ausdruck in Mentalese verfügt, der „Elefant" bedeutet, bevor es den ersten Elefanten gesehen hat? Fodor behauptet indes nur, dass es Wörter in Mentalese gibt, die dafür gemacht sind, sich auf Elefanten zu beziehen, wenn geeignete Bedingungen vorliegen; und zu diesen Bedingungen könnte das Sehen von Elefanten oder von Bildern von Elefanten gehören.

VERWANDTE THEMEN

siehe auch
KANTS SYNTHETISCHES APRIORI
Seite 130

DENKER

JERRY FODOR
1935–

Sie weiß noch nicht, wie man diese Lebewesen auf Englisch nennt. Das hat sie noch nicht gelernt. Aber sie weiß bereits, wie sie in Mentalese heißen.

E
EPH
A
N
L
T
C
A
B

PARFITS PERSONEN

Der zeitgenössische Philosoph

Derek Parfit hat die Frage aufgeworfen, was einen Menschen über die Zeit hinweg zu ein und derselben Person macht. Diese Frage hatte schon John Locke gestellt, der sich in einem Gedankenexperiment einen Prinzen und einen Bettler vorstellte, die ihre Erinnerungen, Wünsche und anderen geistigen Merkmale austauschen. Locke behauptete, dass die Person, die bislang den Körper des Prinzen bewohnt hat, nun in dem Körper des Bettlers eine Heimstatt gefunden habe, während die Person des letzteren in den Körper des Prinzen umgezogen sei. Er war also der Auffassung, dass eine Person zu einem Zeitpunkt mit einer Person zu einem späteren Zeitpunkt identisch ist, wenn die spätere Person die Erinnerungen der früheren Person hat und mit ihr in einem geistigen Kontinuitätsverhältnis steht. Das Bundeskriminalamt verwendet Fingerabdrücke, um Personen zu identifizieren. Wenn Locke aber Recht hat, könnte dies ein fehlerhaftes Verfahren sein.

Parfit schließt an Lockes Überlegungen an, indem er sich eine Person vorstellt, z. B. Captain Kirk, der mittels eines fehlerhaften Teleporters auf die Erde gebeamt wird, wo zwei Captains rematerialisiert werden, die beide Captain Kirks Erinnerungen, Wünsche usf. haben. Beide können gleichermaßen berechtigt Anspruch darauf erheben, mit Captain Kirk identisch zu sein, aber sie sind sicherlich nicht miteinander identisch. Parfit schließt aus diesem Gedankenexperiment, dass die Identität der Person nicht von Erinnerung und geistiger Kontinuität abhängt. Aber er sagt auch, dass dies keine Rolle spiele, da das, worum wir uns wirklich sorgen, unser Überleben sei und dieses mit der Kontinuität unseres geistigen Lebens verbunden sei.

GRUNDGEDANKE

Wenn Sie in einen Teleporter hineingehen und zwei von Ihnen kommen heraus, welcher der beiden sind Sie dann?

WEITERGEDACHT

Es mag Ihnen so vorkommen, als seien Beispiele von körpertauschenden Prinzen und Bettlern und sich verdoppelnden Captain Kirks zu abgedreht, um sich Sorgen zu machen. Philosophen sind jedoch sehr interessiert an solchen imaginären Geschichten, da sie ihnen dabei behilflich sind, grundlegende Begriffe, z. B. den der Person, zu verstehen. Gedankenexperimente des Parfit'schen Typs haben durchaus auch gravierende Konsequenzen für praktische Belange, etwa im Strafrecht. Man denke insbesondere an einen Menschen, der in seiner Jugend ein Verbrechen begangen hat, aber keine Erinnerungen an sein früheres Leben besitzt und inzwischen möglicherweise eine ganz andere Person geworden ist.

VERWANDTE THEMEN

siehe auch
CHALMERS' ZOMBIES
Seite 66

KANTS LINKE HAND
Seite 70

THESEUS' SCHIFF
Seite 72

DENKER

DEREK PARFIT
1942–

JOHN LOCKE
1632–1704

Eine Person ist die Summe ihrer Hoffnungen, Befürchtungen und Erinnerungen; nichts anderes spielt wirklich eine Rolle – aber versuchen Sie das einem Bettler zu erklären!

1596
Geboren in La Haye, Frankreich, in der Nähe von Tours

1616
Abschluss in Rechtswissenschaft an der Universität von Poitiers

1628
Begibt sich in die Niederlande, die bis 1649 seine Heimat werden

1637
Veröffentlichung der *Abhandlung über die Methode*

1641
Veröffentlichung der *Meditationen über die Grundlagen der Philosophie* zusammen mit den ersten sechs Einwänden und Entgegnungen

1644
Veröffentlichung von *Die Prinzipien der Philosophie*

1650
Stirbt, vermutlich an Lungenentzündung

RENÉ DESCARTES

Auch wenn es etwas zugespitzt ist, kann man sagen, dass zwei wesentliche Einflussfaktoren Descartes' Leben und Werk bestimmt haben: zum einen das Aufkommen der modernen Naturwissenschaften, besonders durch die Werke von Kopernikus und Galilei; zum anderen Descartes' Enttäuschung über seine jesuitische Schulbildung, die seine hohen Erwartungen nicht erfüllt hatte, weil sie nur wenig verlässliches Wissen vermitteln konnte. Zweifelsohne haben diese beiden Dinge eine kaum zu überschätzende Rolle bei der Entwicklung der Descartes'schen Ideen in Wissenschaft und Philosophie gespielt, Ideen, die in einem gewissen Sinn die moderne Epoche eingeleitet haben.

René Descartes wurde 1596 in La Haye, Frankreich, geboren, kam an ein Jesuitenkolleg im Alter von 11 Jahren und studierte danach Rechtswissenschaft an der Universität von Poitiers. Anstatt jedoch eine juristische Karriere anzutreten, reiste Descartes viel umher und ging schließlich zum Militär, was ihm die Gelegenheit gab, den niederländischen Philosophen und Wissenschaftler Isaac Beeckman zu treffen – dies sollte seinen Lebensweg maßgeblich verändern. Die Freundschaft zu Beeckman entfachte Descartes' Interesse an den Wissenschaften und führte ihn auf den Weg, der ihn schließlich zum ersten großen Philosophen der Moderne machte.

Seine philosophischen Hauptwerke wurden in einem 20-jährigen Zeitraum geschrieben, der 1629 begann. In der *Abhandlung über die Methode*, publiziert 1637 zunächst als Vorwort zu Arbeiten über Geometrie, Optik und Meteorologie, legte Descartes die Fundamente seiner Erkenntnistheorie und Metaphysik. Es folgte 1641 die Veröffentlichung der *Meditationen über die Grundlagen der Philosophie*, die Descartes' berühmte Zweifelsmethode als Technik zur Gewinnung unbezweifelbaren Wissens präsentieren.

Bis zu seinem Tod 1650 hatte sich sein Ruf als brillanter Denker längst etabliert. Seine Ideen wurden an niederländischen Universitäten unterrichtet; seine *Meditationen* enthielten kritische Beiträge zeitgenössischer Geistesgrößen, etwa von John Locke; und er gehörte den hervorragendsten intellektuellen Kreisen Europas an. Die Wirkungen seiner Arbeiten auf die nachfolgenden Generationen von Wissenschaftlern waren zudem enorm. Es kann durchaus gesagt werden, dass Descartes' Werk mehr als das jedes anderen Philosophen die Geschicke der modernen Philosophie beeinflusst hat.

CHALMERS' ZOMBIES

David Chalmers hat in jüngster Zeit Argumente für den Dualismus von Körper und Geist wiederbelebt, indem er auf die metaphysische Möglichkeit von Zombies hingewiesen hat. Unter einem „Zombie" versteht er ein Wesen, das in physischer Hinsicht einem Menschen mit Bewusstsein gleicht, aber nichtsdestotrotz über keinerlei Bewusstsein verfügt. Da Zombies in körperlicher Hinsicht mit bewussten Personen identisch sind, verhalten sie sich genauso wie diese. Wenn Ihr persönlicher Zombie-Zwilling auf einen Nagel tritt, schreit er genauso wie Sie „Aua!", allerdings fühlt er dabei nichts.

Chalmers' Argument für den Dualismus nimmt seinen Ausgang in dem Gedanken, dass es eine Zombie-Welt geben kann. Es liegt kein Widerspruch in der Annahme eines Universums, das in physischer Hinsicht vollkommen identisch mit unserer Welt ist, in dem alle Kreaturen jedoch frei von Bewusstsein sind. Wenn das richtig ist, muss Bewusstsein scharf von anderen biologischen Phänomenen unterschieden werden, da sehr wohl ein Widerspruch in der Vorstellung eines Universums liegt, das physisch genau wie unseres ist, in dem unsere Zombie-Zwillinge allerdings weder atmen, noch verdauen, noch sich fortpflanzen. Nach Chalmers' Ansicht folgt aus der Vorstellbarkeit des Zombie-Szenarios, dass Zombies eine echte metaphysische Möglichkeit darstellen. Wenn nun Zombies metaphysisch möglich sind, wir jedoch bewusste Wesen sind, dann gibt es in unserer Welt noch etwas mehr als nur körperliche Dinge und Zusammensetzungen aus ihnen. Es gibt auch nichtkörperliches Bewusstsein!

GRUNDGEDANKE

Was immer man über den körperlichen Zustand seines Nachbarn wissen mag – er könnte auch ein Zombie sein.

WEITERGEDACHT

Chalmers' Position stellt eine Form des Dualismus dar, da er behauptet, dass Bewusstsein kein physisches Phänomen ist. Im Unterschied zu René Descartes glaubt Chalmers aber nicht an die Existenz geistiger Substanzen. Er favorisiert eher die Auffassung, dass Bewusstsein eine nicht-physische Eigenschaft bestimmter physischer Dinge ist, insbesondere unseres menschlichen Gehirns. Die meisten Philosophen, die am Physikalismus festhalten, sind anderer Ansicht und meinen, dass das Zombie-Szenario zwar nicht widersprüchlich sei, dass aus diesem Umstand aber nicht folge, dass es auch metaphysisch möglich sei.

VERWANDTE THEMEN

siehe auch
PARFITS PERSONEN
Seite 62

DENKER

DAVID CHALMERS
1966–

Der eine denkt und existiert deshalb, während der andere nicht denken kann, aber gleichwohl auch existiert. Was ist eigentlich genau der Unterschied zwischen den beiden?

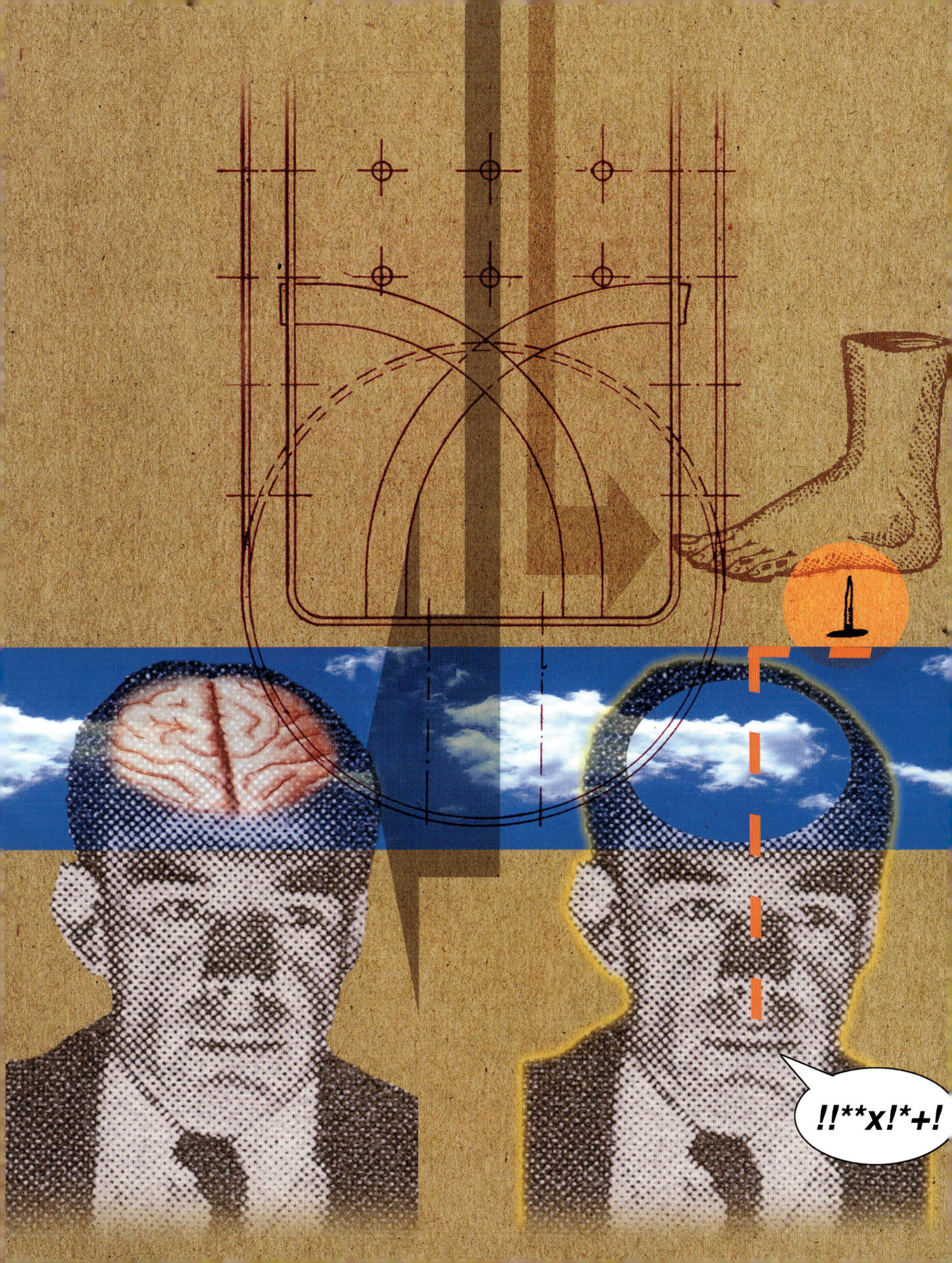
!!**x!*+!

ZENONS PARADOXIEN

Der antike griechische Philosoph Zenon von Elea hat sich eine Reihe von Paradoxien ausgedacht, die Zeit und Bewegung betreffen. Es kann z. B. mit logischen Mitteln gezeigt werden, dass der schnelle Läufer Achilles eine Schildköte niemals überholen kann, wenn er ihr in einem Rennen eine Körperlänge Vorsprung gibt. Denn zunächst muss Achilles den Punkt erreichen, an dem die Schildkröte gestartet ist. In dieser Zeit ist die Schildkröte ein Stück vorangekommen. Also muss Achilles nun dorthin gelangen, wohin die Schildkröte vorangekrochen ist. Aber bis er dahin gelaufen ist, ist die Schildkröte wiederum ein Stück weitergekommen, und immer so fort. Die Schildkröte wird immer in Führung liegen.

Gemäß einer anderen Paradoxie kann sich ein Pfeil niemals fortbewegen, da er zu jedem Zeitpunkt einen bestimmten Raumbereich vollständig einnimmt. Wie auf einer Fotografie befindet sich der Pfeil zu jedem Zeitpunkt genau dort, wo er ist, und an keinem anderen Ort. Er ist also stets in einem stationären Zustand. Wenn die Zeit aber nichts anderes als eine Aneinanderreihung von Momenten ist und der Pfeil in jedem Moment stationär ist, dann bewegt er sich nie. Gleichwohl wissen wir natürlich, dass sich Pfeile bewegen und dass der flinke Achilles langsame Schildkröten überholen kann. Wo liegt also der Fehler? In unserer Sichtweise der Wirklichkeit oder in der Logik der Paradoxien?

GRUNDGEDANKE
Möglicherweise ist es nicht besser, zu reisen als anzukommen, aber es ist zumindest machbar.

WEITERGEDACHT
Ein genauerer Blick auf die Annahmen, die den Paradoxien zugrundeliegen, liefert den Schlüssel zu ihrer Lösung: die Annahme, dass die Zeit eine Aneinanderreihung statischer Momente ist (im Falle des Pfeils), und die Annahme, dass Zeit und Raum in immer kleinere Stücke zerlegt werden können (im Falle des Achilles und der Schildkröte). Um also überhaupt zu den paradoxen Szenarien zu gelangen, müssen wir bestimmte Voraussetzungen über die Natur von Zeit und Raum annehmen. Zenons Paradoxien entblößen diese Voraussetzungen und lassen sie uns hinterfragen.

DENKER
ZENON
490–430 v. Chr.

Zenons Paradoxien der Bewegung haben die antike Welt so auf Trab gebracht, dass sie beinahe zum Stillstand kam. Doch ohne die aus den Paradoxien erwachsenden Fragen hätten die Physiker die Natur von Zeit, Raum und Materie nicht erklären und so die moderne Welt in Gang bringen können.

60 5 10 15 20 25 30 35 40 45 50 55
1 2 3 4 5 6
1 2

KANTS LINKE HAND

Immanuel Kant hat lang und intensiv über einen Disput zwischen Isaac Newton und Gottfried Leibniz nachgedacht. Newton war der Auffassung, dass der Raum wie ein Theater aufzufassen sei (er nannte es auch „Sensorium Gottes"), das absolut ist und in dem alles seinen festen Platz hat. Aus dieser Vorstellung folgt, dass Gott ein anderes Universum geschaffen hätte, wenn er alle Dinge in ihm um 100 Kilometer versetzt, die Entfernungen zwischen den Dingen aber konstant gelassen hätte.

Leibniz hielt dies für absurd. Er entgegnete, dass Gott keinen Grund haben könne, die Dinge an die eine und nicht an eine andere Stelle zu setzen. Daher sah er den Raum nicht als eine Art Behälter der Gegenstände an, sondern behauptete vielmehr, dass er erst durch die Entfernungsbeziehungen zwischen Gegenständen geschaffen werde.

Kant glaubte, mittels eines Gedankenexperiments zeigen zu können, dass Newton Recht hatte und Leibniz falsch lag. Er stellte sich zwei Universen vor: eines, in dem es nur eine rechte Hand gibt, und eines, in dem sich nur eine linke Hand befindet. Alle Beziehungen zwischen den materiellen Teilen, aus denen die Hände in den beiden Universen gemacht sind, sollen in beiden Fällen völlig gleich sein. Die beiden Hände verhalten sich also spiegelbildlich zueinander (siehe Abbildung rechts). Kant schlussfolgerte nun, dass der Raum mehr sein muss als ein Gefüge von Entfernungsbeziehungen zwischen Gegenständen, da sich die Situationen in den beiden Hand-Universen offensichtlich voneinander unterscheiden. Leibniz hatte Unrecht, Newton lag richtig!

GRUNDGEDANKE

Newton sagte: „Der Raum ist absolut." Leibniz hielt dagegen: „Es gibt lediglich räumliche Beziehungen von Dingen." Und Kant hob die Hand zugunsten Newtons.

WEITERGEDACHT

Die Debatte zwischen sogenannten „Absolutisten" und „Relationisten" des Raumes dauert bis auf den heutigen Tag an. Relationisten sind der Meinung, dass Kants Gedankenexperiment irreführend ist, denn Kant stelle sich in Wirklichkeit Universen mit mehr als bloß einer rechten oder einer linken Hand vor. Zumindest müsse er sich selbst als Beobachter der Hände hinzudenken, und das reiche aus, um den Unterschied zwischen rechts und links allein aufgrund von Entfernungsbeziehungen zu erklären. Einige Physiker behaupten jedoch, dass die Naturgesetze eine absolute Unterscheidung zwischen „Rechtshändigkeit" und „Linkshändigkeit" verlangen.

VERWANDTE THEMEN

siehe auch
PARFITS PERSONEN
Seite 62

DENKER

IMMANUEL KANT
1724–1804

Jeder, der es mit Kant hält, möge bitte die Hand heben! Es macht keinen Unterschied, ob es die rechte oder die linke Hand ist ... oder vielleicht doch?

THESEUS' SCHIFF

Theseus' Schiff liegt im Trockendock.

Nach und nach wird jedes seiner Bestandteile ersetzt. Wenn eine alte Planke morsch ist, wird eine neue an ihre Stelle gesetzt. Schließlich ist die Arbeit vollendet und das Schiff setzt wieder die Segel. Ein sparsamer Schiffbauer hat jedoch die alten Planken gesammelt und sie wieder zu einem Schiff zusammengesetzt. Auch dieses Schiff sticht in See. Doch welches der beiden Schiffe ist nun Theseus' Schiff? Dasjenige – so wird man vielleicht sagen –, das aus dem ursprünglichen Material zusammengebaut ist. Aber Theseus denkt anders darüber. Er glaubt, dass sein Schiff repariert, nicht ersetzt wurde. Im Übrigen machen wir die Frage des Eigentums oft nicht an einem bestimmten physischen Objekt fest: Als der Bär Paddington zur Bank ging, um fünf Pfund abzuheben, war er überrascht, dass die Banknote, die er erhielt, nicht die seinige war. Er hatte das Wesen des Geldes missverstanden. Dieses Problem, das von Thomas Hobbes aufgeworfen wurde, mag sehr abstrakt erscheinen. Man halte sich aber für einen Moment vor Augen, dass sich jede Zelle des eigenen Körpers mit der Zeit verändert. Sind Menschen konkrete Anhäufungen von Materie oder bestehen sie aus Materie, die sich in einem kontinuierlichen Prozess immer neu organisiert? Ähneln wir den Banknoten oder dem Geldwert?

GRUNDGEDANKE

Haben *Sie* sich geändert oder haben Sie sich *zu jemand anderem* geändert?

WEITERGEDACHT

Man betrachte das Rätsel erneut und berücksichtige die Unterscheidung von Typen und Einzeldingen! Einzeldinge sind bestimmte physische Objekte, während Typen Formen von Objekten sind, die in vielen verschiedenen Einzeldingen verwirklicht sein können. Es macht also beispielsweise keinen Unterschied, durch welche Einzeldinge (Banknoten) ich mein Geld erhalte, solange der Typ (der Geldwert) derselbe ist. Würde es etwas ausmachen, wenn Ihr Ehegatte durch ein Einzelding desselben Typs ersetzt werden würde? Wenn ja, warum? Lieben Sie diese besonderen Atome?

VERWANDTE THEMEN

siehe auch
PARFITS PERSONEN
Seite 62

DENKER

THOMAS HOBBES
1588–1679

Der Begriff des Eigentums macht 90 % des Rechts aus, aber 100 % des Materials von Theseus' Schiff wurden ersetzt. Ist es immer noch sein Schiff? Die Berechnung sei Ihnen überlassen!

LAPLACE'SCHER DÄMON, DETERMINISMUS & FREIER WILLE

Pierre-Simon Laplace nahm an, dass alles aus Atomen aufgebaut ist und dass die Atome durch die Gesetze bestimmt werden, die Isaac Newton im 17. Jahrhundert entdeckt hatte. Laplace stellte sich nun einen hochintelligenten, mathematisch brillanten Dämon vor, der die Positionen und Geschwindigkeiten aller Teilchen im Universum zu einem bestimmten Zeitpunkt sowie die Naturgesetze kennt. Er behauptete, dass dieser Dämon die Positionen und Geschwindigkeiten aller Teilchen auch zu allen anderen Zeitpunkten berechnen könne. Der Dämon könne beispielsweise aufgrund seines Wissens der Positionen und Geschwindigkeiten der Teilchen im Universum vor einer Million Jahren vorhersagen, wo Ihr Körper in einem Jahr wäre und wie er sich dann bewegen würde. Die Laplace'sche Überlegung gründet in der Tatsache, dass Newtons Gesetze deterministisch sind. Viele Philosophen sind zu der Schlussfolgerung gelangt, dass der Determinismus mit dem freien Willen des Menschen unvereinbar ist. Wie könnte es nämlich meine freie Entscheidung sein, beispielsweise den linken Arm zu heben, wenn die Bewegungen meines Körpers durch das determiniert sind, was vor einer Million Jahren geschah? Es scheint, als sei entweder der Determinismus falsch oder der freie Wille eine Illusion. Andere Philosophen sind jedoch der Ansicht, dass es für einen freien Willen ausreichend ist, die intentionale Kontrolle darüber zu haben, den linken Arm zu heben oder nicht, und dass diese Kontrolle mit dem Determinismus verträglich ist.

GRUNDGEDANKE

Der Laplace'sche Dämon berechnet anhand der Position und Geschwindigkeit von Teilchen in der Vergangenheit genau, wie sich Ihr Körper bewegen wird, und beraubt Sie damit Ihres freien Willens.

WEITERGEDACHT

Die zeitgenössische Physik ist indeterministisch ausgerichtet, da die grundlegenden Gesetze der Quantenmechanik nicht deterministisch sind, sondern lediglich Wahrscheinlichkeitsaussagen zulassen. Manche Philosophen glauben, dass dies das Problem des freien Willens zu lösen erlaubt. Allerdings wird durchaus kontrovers diskutiert, ob die Quantenmechanik indeterministisch ist. Und selbst wenn ihre Gesetze probabilistisch sind, liefern sie keinen Beweis für den freien Willen.

VERWANDTE THEMEN

siehe auch
DESCARTES' KÖRPER-GEIST-PROBLEM
Seite 56

BRENTANOS INTENTIONALITÄT
Seite 58

DER ATOMISMUS DES LUKREZ
Seite 124

UNAUFRICHTIGKEIT À LA SARTRE
Seite 152

DENKER

PIERRE-SIMON LAPLACE
1749–1827

Existiert der freie Wille? Falls nicht, kann es dann Recht und Moral geben? Wir könnten den Laplace'schen Dämon fragen. Doch vielleicht ist er hinsichtlich dieser Fragen genauso unsicher wie wir.

6828

RYLES GEIST IN DER MASCHINE

GRUNDGEDANKE
Eine Weise, das Körper-Geist-Problem zu lösen, besteht darin, der Maschine den Geist auszutreiben.

WEITERGEDACHT
Ryles Ansichten über den Geist stellen eine anspruchsvolle Version des Behaviorismus dar. Seine grundlegende Idee war, dass die Bedeutung von Sätzen, mit denen wir Personen geistige Zustände zuschreiben, in dem Verhalten der Person oder ihrem Vermögen zu einem bestimmten Verhalten besteht. Während dies für gewisse Sätze wie „Sie ist neugierig." durchaus Plausibilität besitzt, erscheint es äußerst irreführend für Sätze der Art „Sie denkt über Philosophie nach." oder „Sie fühlt einen kühlen Luftzug auf ihren Wangen.".

Im vergangenen Jahrhundert stellte der Philosoph Gilbert Ryle die Behauptung auf, dass Philosophen und Laien, die glauben, der Geist sei eine Art Ding, das den Körper veranlasse, sich zu bewegen, einen groben Fehler begehen würden. Er nannte diese Vorstellung „Geist in der Maschine" und schrieb ihren Ursprung René Descartes zu. Es handele sich bei dem Fehler zudem um einen „Kategorienfehler". Jemand, dem alle Gebäude in Oxford gezeigt werden und der dann fragt: „Ich sehe all diese Gebäude, aber wo ist Oxford?", begeht einen Kategorienfehler, da er Oxford in dieselbe Kategorie wie Gebäude einordnet. Er versteht nicht, dass die Gebäude Teile von Oxford sind.

Ryle war der Auffassung, dass diejenigen, die den Geist als ein Ding neben dem bzw. zusätzlich zum Körper ansehen, den entscheidenden Gesichtspunkt außer Acht lassen: dass der Körper und seine Aktivitäten den Geist einschließen. Wenn wir sagen – so Ryles Argumentation –, dass Hilary einen neugierigen Geist habe, würden wir nicht davon ausgehen, dass es ein Etwas gäbe, das mit Hilarys Körper verbunden sei, nämlich ihr neugieriger Geist, der sie nachforschende Bemerkungen machen lasse. Vielmehr würden wir zum Ausdruck bringen, dass sich Hilary in neugieriger Weise verhält. Mit „Geist" meinen wir keinen Geist in der Maschine, sondern die Art und Weise, wie die Maschine sich verhält.

VERWANDTE THEMEN
siehe auch
DESCARTES' KÖRPER-GEIST-PROBLEM
Seite 56

BRENTANOS INTENTIONALITÄT
Seite 58

DENKER
GILBERT RYLE
1900–1976

Nach Gilbert Ryle gilt: Er denkt, also existiert er. Aber er ist nichts anderes als die Verwirklichung eines unbewussten, physischen Prozesses.

AMPERE
VOLT
Dunkel
Inductor

ETHIK & POLITISCHE PHILOSOPHIE

ETHIK & POLITISCHE PHILOSOPHIE
GLOSSAR

Charakter Das moralische Wesen einer Person, der moralisch relevante Teil der individuellen Persönlichkeit. Nach Aristoteles reicht es nicht aus, das Richtige zu tun, um ein moralisches Leben zu führen, wie es vielleicht ein Utilitarist behaupten würde. Vielmehr gehört auch dazu, einen tugendhaften Charakter auszubilden und somit eine gute Person zu sein.

Edler Wilder Ein Mensch, der noch unverdorben und unbeeinträchtigt von schädlichen Einflüssen der Regierung und Gesellschaft ist – eine Idealvorstellung von Jean-Jacques Rousseau und anderen. Der edle Wilde ist friedfertig, unschuldig und besitzt eine Art natürlicher Würde, ganz im Gegensatz zu den brutalen Rohlingen, die sich Thomas Hobbes vorgestellt hat.

Entfremdung Nach Karl Marx und einigen anderen Philosophen die Trennung von Aspekten des menschlichen Lebens, die zusammengehören. Wenn beispielsweise ein Arbeiter ein geistloses Rädchen in einer Produktionskette ist und dadurch sich selbst verliert, liegt für Marx eine Entfremdung vor. Der Arbeiter ist von der Befriedigung durch die Arbeit ausgeschlossen, da er unter anderem keinen Zugang zu den Früchten seiner Arbeit hat.

Gesellschaftsvertrag Eine Übereinkunft, die entweder stillschweigend oder ausdrücklich getroffen wird. Politische Philosophen wollen so die Verbindung zwischen politischer Verpflichtung, dem Einverständnis der Beherrschten und der Macht des Staates erklären.

Hedonismus Die Ansicht, dass das Ziel und der Zweck des Lebens im Genuss liegen. Es gibt psychologische Hedonisten, die behaupten, dass der Mensch ausschließlich nach Genuss strebt. Und es gibt Moralphilosophen, die behaupten, dass Genuss das ist, wonach wir streben sollten, und dass Genuss einen moralischen Wert hat.

Historischer Materialismus Die Auffassung, dass die menschliche Geschichte bestimmt ist durch die Art und Weise, wie Menschen die lebensnotwendigen materiellen Güter herstellen. Wir verdanken den Historischen Materialismus Karl Marx und Friedrich Engels.

Imperative Immanuel Kant dachte, dass Imperative, d. h. Regeln des Handels, uns auf zweierlei Weisen anleiten. Hypothetische Imperative sagen uns, was wir tun müssen, um dieses oder jenes Ziel zu erreichen. Kategorische Imperative sagen uns, was wir tun müssen, unabhängig von den Konsequenzen. Für Kant können die Imperative der Moral nur kategorischer Natur sein.

Mitte Gemeint ist die tugendhafte Mitte zwischen zwei Extremen. Für den Aristoteliker zeigt sich ein tugendhafter Charakter durch seine Handlungen in der Mitte zwischen zwei Lastern: Übermaß auf der einen Seite, Unzulänglichkeit auf der anderen. Zum Beispiel zeigt eine tugendhafte Person Mut, indem sie weder dem Übermaß der Tollkühnheit noch der Unzulänglichkeit der Feigheit verfällt.

Moralische Intuitionen Die innere Stimme, die einen zu einer Entscheidung darüber veranlasst, ob eine Handlung oder eine Person moralisch gut oder schlecht ist. Philosophen werden manchmal von ihren moralischen Intuitionen geleitet, wenn sie versuchen, ein Urteil über konkurrierende Moraltheorien zu fällen.

Naturzustand Eine bloß vorgestellte Zeit, in der es noch keinerlei Art von Regierung gibt. Einige Theoretiker der Politischen Philosophie spekulieren über den Naturzustand, um Aufschlüsse über den Nutzen von Regierungen zu erhalten, indem sie sich Menschen vorstellen, die ohne Regierung leben.

Produktionsbedingungen Laut Marx die Art und Weise, in der eine Gesellschaft ihre Grundbedürfnisse und Wirtschaftsgüter organisiert und sichert. Die Produktionsbedingungen umfassen ein Netz von Arbeitern, Werkzeugen, Rohstoffen und allgemeinen sozioökonomischen Beziehungen. Von diesem Netz nahm Marx an, dass es wesentlich die Lebensweise und das charakteristische „Bewusstsein" einer jeden Epoche prägt.

ARISTOTELISCHE ETHIK

GRUNDGEDANKE
Es gibt nicht eine dunkle und eine helle Seite der Macht. Vielmehr gibt es zwei dunkle Enden und eine helle Mitte.

WEITERGEDACHT
Der Aristotelische Ansatz in der Ethik ist in den vergangenen Jahrzehnten unter der Bezeichnung „Tugendethik" wiederbelebt worden. Eine Herausforderung, der die Tugendethik begegnen muss, ergibt sich aus der zentralen Bedeutung des Begriffs „Charakter". Es scheint nämlich eine Zirkularität zu drohen: Wir wissen, was das Richtige ist, weil es das ist, was ein Mensch von gutem Charakter tut. Aber woher wissen wir, dass ein Mensch einen guten moralischen Charakter besitzt? Weil er das Richtige tut?

Aristoteles' erste Regel des guten Handelns lautet, dass es für gutes Handeln keine Regeln gibt. Ein guter Mensch zu sein heißt, seinen Charakter so auszubilden, dass man das Vermögen besitzt, in jeder gegebenen Situation das Richtige zu tun. Es heißt nicht, ein bestimmtes moralisches Handbuch auswendig gelernt zu haben. Menschen sind Gewohnheitswesen und werden tugendhaft, indem sie tugendhafte Dinge tun, so wie ein Musiker dadurch virtuos wird, dass er musiziert. Aber was ist Tugendhaftigkeit? Es ist ein Leben gemäß unserer Natur als vernünftige Wesen. Ein guter Hund tut Dinge, die für einen Hund typisch sind, in guter Weise. Ein guter Mensch tut menschliche Dinge gut. Besonders im Denken ist der Mensch gut, denn gerade das Denken zeichnet den Menschen vor allen anderen Lebewesen aus. Wir können zu richtigen Handlungen geführt werden, wenn wir die Idee aufgeben, dass gut und schlecht Gegensätze sind. Stattdessen sollten wir uns das Gute so vorstellen, als läge es in der Mitte von Extremen, nämlich zwischen dem Übermaß und dem Mangel. Mut liegt beispielsweise zwischen Unbesonnenheit bzw. Übermut auf der einen Seite und Feigheit auf der anderen Seite. Großzügigkeit liegt zwischen Geiz und Verschwendung, Freundlichkeit zwischen Missachtung anderer und übertriebener Nachgiebigkeit. Entgegen den üblichen Ansichten über die Moral handelt die Aristotelische Ethik nicht allein davon, was das Gute ist und wie man gut handelt, sondern davon, wie man ein gutes und angenehmes Leben führt.

VERWANDTE THEMEN
siehe auch
VON NATURZUSTÄNDEN UND GESELLSCHAFTSVERTRÄGEN
Seite 84

DENKER
ARISTOTELES
384–322 v. Chr.

Richtig zu handeln hat nicht nur mit dem Befolgen von Regeln zu tun, sondern auch damit, die richtige Balance zu halten, je nachdem, in welchen Umständen man sich befindet – mögen sie gut oder schlecht sein.

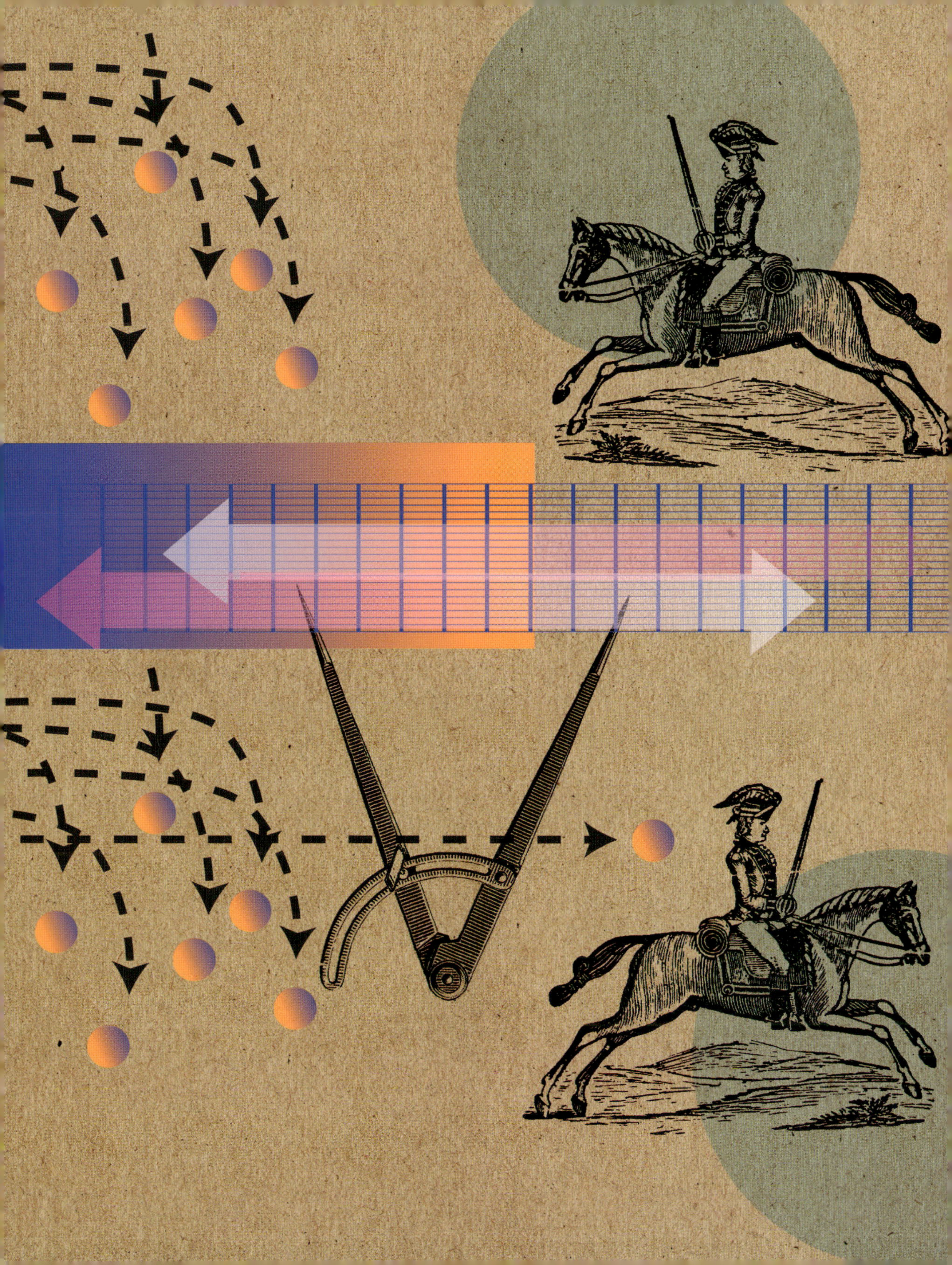

VON NATURZUSTÄNDEN UND GESELLSCHAFTSVERTRÄGEN

Thomas Hobbes und Jean-Jacques Rousseau hatten ganz unterschiedliche Meinungen über die grundlegende Natur des Menschen. Hobbes ging davon aus, dass das menschliche Leben ohne die zivilisierende Wirkung der Gesellschaft einsam, armselig, böse, brutal und kurz sei, ein Leben, bestimmt von fortwährender Angst und bedroht von gewaltsamem Tod. Rousseau hingegen war ein Optimist. Im Naturzustand seien die Menschen „edle Wilde", die als Einzelgänger in friedvoller Existenz vor allem mit der Befriedigung ihrer elementarsten Bedürfnisse beschäftigt seien. Die unterschiedlichen Theorien der beiden Philosophen spiegeln sich auch in ihren Ansichten über die bürgerliche Gesellschaft und die Rolle der Politik wider.

Für Hobbes ist der Eintritt in die bürgerliche Gesellschaft eine notwendige Voraussetzung für ein lohnenswertes Leben. Nur durch den Abschluss eines „Gesellschaftsvertrags" und die damit verbundene Übertragung natürlicher Rechte an einen absoluten Souverän (bei Hobbes ist dies sinnbildlich der Leviathan, ein biblisch-mythologisches Seeungeheuer) sei ein Krieg aller gegen alle zu verhindern. Zwar erachtete auch Rousseau einen Gesellschaftsvertrag für notwendig, seine Schlussfolgerungen waren jedoch ganz anderer Art.

Rousseau hielt gerade die Zivilisation für die ursprüngliche Quelle unserer Probleme. Eigentumsrechte, die in der bürgerlichen Gesellschaft festgeschrieben werden, seien unweigerlich die Ursache von Ungleichheiten und der mit ihnen verbundenen Übel. Die einzige Möglichkeit, die aus Zivilisationsprozessen resultierende Selbstsucht und moralische Verderbtheit zu überwinden, läge darin, die Autorität eines allgemeinen Willens der Menschen zu akzeptieren.

GRUNDGEDANKE
Wer glaubt, dass Menschen korrupt und böse seien und nur aufgrund der zivilisierenden Wirkung der Gesellschaft freundlich zueinander, hält es mit Hobbes. Wer die menschliche Natur für gut und edel hält, aber glaubt, dass wir durch die Gesellschaft verdorben werden, ist auf Rousseaus Seite.

WEITERGEDACHT
Die meisten modernen Arten des Konservativismus lassen sich auf Hobbes zurückführen – Konservative sind eher misstrauisch, wenn es darum geht, durch Veränderungen der gesellschaftlichen Zustände und des politischen Systems ein einträchtigeres Gemeinwesen zu schaffen. Im Gegensatz dazu ist die politische Linke optimistischer. Sozialisten sind oft von der Idee begeistert, die Menschen dadurch besser zu machen, dass man die Gesellschaft besser macht.

VERWANDTE THEMEN
siehe auch
ARISTOTELISCHE ETHIK
Seite 82

MILLS UTILITARISMUS
Seite 90

DENKER
THOMAS HOBBES
1588–1679

JEAN-JACQUES ROUSSEAU
1712–1778

Ist bösartiges Verhalten natürlich oder durch die Gesellschaft verursacht? Die Antwort auf diese Frage hängt möglicherweise davon ab, ob die Gesellschaft ein Teil der Natur oder unabhängig von ihr ist.

KANTS KATEGORISCHER IMPERATIV

Widerspruchsfreiheit ist das A und O der Moral. Wenn ich glaube, eine bestimmte Behandlung verdient zu haben, dann sind auch andere in meiner Situation berechtigt, diese Behandlung zu erfahren. Der deutsche Philosoph Immanuel Kant behauptete, dass die Widerspruchsfreiheit gewährleistet ist, wenn man dem „kategorischen Imperativ" folgt. Er lautet: „Handle jederzeit nach derjenigen Maxime, deren Allgemeinheit als Gesetzes du zugleich wollen kannst!" Wenn eine Regel oder Maxime ohne Widerspruch von jedem befolgt werden kann, kann man danach auch nicht falsch handeln. Stellen Sie sich vor, Sie würden sich Geld leihen und versprechen, es zurückzuzahlen, obgleich Sie wissen, dass Sie dies nie tun werden. Die Regel, der Sie dann folgen würden, könnte so lauten: „Mach ein falsches Versprechen, wenn es deinen Interessen dient!"
Die entscheidende Frage ist nun, ob sich eine widerspruchsfreie (und damit moralische) Welt ergäbe, wenn diese Regel ein allgemeines Gesetz wäre, dem alle automatisch folgen würden, wenn sie in Ihrer Situation wären. Natürlich nicht, denn niemand würde dann einem Versprechen Glauben schenken, und die Institution des Versprechens wäre somit unmöglich. Folglich könnten Sie erst gar kein falsches Versprechen geben. Die Regel, die Sie in Betracht gezogen haben, stimmt also nicht mit dem moralischen Gesetz überein. Versprechen zu brechen, erweist sich somit als moralisch falsch.

GRUNDGEDANKE

Falls Ihre Mutter Sie jemals zurechtgewiesen hat, indem sie Sie fragte: „Was wäre, wenn jemand anderes das getan hätte?", dann hat sie sich als Kantianerin erwiesen.

WEITERGEDACHT

Auch wenn man Kants Argumentation akzeptiert, kann man sich immer noch fragen, was man tun soll, wenn moralische Pflichten miteinander in Konflikt geraten. Nehmen wir an, ich erkenne, dass das Brechen von Versprechen verboten ist. Sollte ich die medizinische Notfallversorgung, die ich jemandem gerade gebe, beenden, weil ich einem Freund versprochen habe, ihn auf ein Glas Bier zu treffen? Überwiegt die Pflicht, jemandem in Not zu helfen, meine Pflicht, Versprechen zu halten? Manchmal ist dies wohl so, aber es ist mit der Kantischen Theorie nicht leicht zu erkennen, wann das der Fall ist.

VERWANDTE THEMEN

siehe auch
MILLS UTILITARISMUS
Seite 90

DAS STRASSENBAHN-PROBLEM
Seite 94

DENKER

IMMANUEL KANT
1724–1804

Ist es eine gute Sache, seine Bank zu belügen? Die Antwort lautet „Nein", denn die Bank könnte denken, dass es auch eine gute Sache ist, Sie zu belügen.

1724
Geboren in Königsberg, Preußen

1740
Schreibt sich an der Universität von Königsberg ein

1755
Wird Privatdozent für Logik und Metaphysik

1781
Veröffentlichung der *Kritik der reinen Vernunft*

1788
Veröffentlichung der *Kritik der praktischen Vernunft*

1790
Veröffentlichung der *Kritik der Urteilskraft*

1797
Scheidet aus der Universität aus

1804
Stirbt in Königsberg

IMMANUEL KANT

Als Immanuel Kant 46 Jahre alt war, an der Universität von Königsberg lehrte, ein anerkannter Wissenschaftler war und auf dem Gebiet der Astronomie publiziert hatte, begann sein Ruf als Philosoph allmählich zu wachsen. Trotzdem hüllte er sich in dem nachfolgenden Jahrzehnt in Schweigen und sonderte sich von der Welt ab. Er führte ein so regelmäßiges Leben, dass es heißt, die Bewohner von Königsberg hätten ihre Uhren nach seinen Nachmittagsspaziergängen stellen können. Das Ergebnis dieses Jahrzehnts des Schweigens war die Veröffentlichung der *Kritik der reinen Vernunft* im Jahr 1781, die als eines der großartigsten Werke der Philosophiegeschichte gilt.

Kant wurde 1724 als viertes von elf Kindern im preußischen Königsberg geboren. Seine Eltern waren Johann Georg Kant, ein Riemermeister, und Anna Regina Reuter. Er verbrachte sein gesamtes Leben in Königsberg und verließ die Stadt nicht über einen Umkreis von etwa 80 Kilometern hinaus. In der Schulzeit fiel er nicht besonders auf, war aber gut genug, um sich mit sechzehn Jahren an der Universität von Königsberg einzuschreiben. Dort kam er zum ersten Mal mit der Philosophie in Kontakt und verbrachte die nächsten zehn Jahre mit Studien und Privatunterricht, bis er 1755 an seiner Alma Mater Privatdozent wurde.

Die selbst gewählte Beschränkung, mit der Kant sein Leben führte, steht in krassem Kontrast zu der Bandbreite seines philosophischen Schaffens. Über die *Kritik der reinen Vernunft* hinaus, in der er die Fundamente seiner Erkenntnistheorie und Metaphysik legte, schrieb er zwei brillante Werke zur Moralphilosophie, die *Grundlegung zur Metaphysik der Sitten* (1785) und die *Kritik der praktischen Vernunft* (1788), außerdem eine bedeutende Abhandlung zur Ästhetik, die *Kritik der Urteilskraft* (1790). Die Bedeutung von Kants Werk wurde von seinen Zeitgenossen erst allmählich gegen Ende seines Lebens voll erkannt. Zum Zeitpunkt seines Todes im Jahre 1804 zeichnete sich schon deutlich ab, dass die kopernikanische Wende, die er für die Philosophie angekündigt hatte, nicht länger aufzuhalten war. Sie wurde ausgelöst durch sein Argument, dass der Geist an der Konstitution der empirischen Wirklichkeit aktiv beteiligt ist.

MILLS UTILITARISMUS

Der Kern der von John Stuart Mill entwickelten Theorie des Utilitarismus besteht in der folgenden Überlegung: Handlungen sind richtig, wenn sie das Glück befördern, falsch, wenn sie Unglück hervorrufen. Glück wird dabei verstanden als Freude, Unglück als Schmerz. Wesentlich ist zudem, dass Mill von „aggregiertem" Glück spricht, d. h. von dem größten Glück der größten Anzahl von Menschen. Mill war jedoch mit dieser Formulierung noch nicht zufrieden, da sie die Möglichkeit zulässt, dass es besser ist, sein ganzes Leben mit vergnüglichen Dingen zu verbringen, als sich an den Errungenschaften der menschlichen Zivilisation zu beteiligen. Konsequenterweise führte er den Gedanken ein, dass bestimmte Freuden besser sind als andere. Musik von Mozart zu hören, ist vermutlich ein höher zu wertendes Vergnügen, als Eis zu essen. Mill rechtfertigte seine Auffassung durch einen Verweis auf die Erfahrung: Niemand, der sowohl die höheren als auch die niederen Freuden erlebt hat, würde ein Leben voll höherer Freuden gegen eines voll niederer eintauschen. Er drückte dies so aus: „Kein intelligenter Mensch würde einwilligen, ein Dummkopf zu werden … auch wenn man ihn davon überzeugen würde, dass ein Dummkopf oder ein Gauner an seiner Stelle glücklicher wären als er selbst."

GRUNDGEDANKE

Eine Handlung ist insoweit richtig, als sie das Glück befördert, besonders wenn es sich um die richtige Art von Glück handelt.

WEITERGEDACHT

Der Utilitarismus wirft viele schwierige Streitfragen auf. Man denke z. B. an folgendes Szenario: Ist eine Handlung richtig, wenn sie dem größten Glück der größten Anzahl von Menschen förderlich ist, dann könnte es gerechtfertigt sein, einen Dieb in einem Fußballstadion zu foltern, sofern die Zuschauer danach glücklich nach Hause gehen. Auch Mills unterschiedliche Bewertungen verschiedener Arten von Freude sind merkwürdig. Die Tatsache, dass Menschen, die sowohl Mozart gehört als auch Eiscreme gegessen haben, möglicherweise Mozart bevorzugen, scheint nicht moralisch motiviert, sondern lediglich eine Frage des Geschmacks zu sein.

VERWANDTE THEMEN

siehe auch
KANTS KATEGORISCHER IMPERATIV
Seite 86

DAS STRASSENBAHN-PROBLEM
Seite 94

DENKER

JOHN STUART MILL
1806–1873

Nach John Stuart Mill ist es sehr gut, öffentliche Aufführungen von Mozart anzusetzen – und es ist immerhin noch in Ordnung, in den Pausen Eis zu verkaufen.

MARX' HISTORISCHER MATERIALISMUS

Die Annahme, die dem historischen Materialismus von Karl Marx zugrunde liegt, lautet, dass die Form einer Gesellschaft von der Art und Weise ihrer Produktionsbedingungen bestimmt wird. Von fundamentaler Bedeutung ist dabei die Unterscheidung zwischen denen, die die Produktionsmittel (Fabriken, Maschinen, Werkzeuge und ähnliches) besitzen und kontrollieren, und denen, auf die das nicht zutrifft. Marx ging davon aus, dass der Konflikt zwischen den Besitzenden und den Besitzlosen der Motor der Geschichte sei. Die am weitesten fortgeschrittene Art, Produktion zu organisieren, ist der Kapitalismus. Er wird durch die Existenz von zwei großen Klassen charakterisiert: dem Bürgertum (Bourgeoisie), das die Produktionsmittel besitzt, und dem Proletariat, das nichts als seine eigene Arbeitskraft zur Verfügung hat. Um zu überleben, ist das Proletariat gezwungen, seine Arbeitskraft an das Bürgertum zu verkaufen. Es bringt all seine produktive Kraft nur zum Nutzen gerade derjenigen Klasse auf, von der es ausgebeutet wird. Aufgrund dieser Dynamik ist der Kapitalismus ein instabiler Zustand. Denn das Proletariat kann sich, wenn es sich seiner Situation bewusst wird, gegen das System erheben und es stürzen. Marx nahm an, dass der Zusammenbruch des Kapitalismus angesichts seiner inneren Spannungen unvermeidbar sei. Das historische Ziel des Proletariats sei es, eine neue Gesellschaftsordnung einzurichten, die auf gemeinsamem Eigentum gründet – den Kommunismus. Wenn dies vollbracht sei, komme auch die Entfremdung des Proletariats von der Arbeit und von der eigenen wesenhaften Menschlichkeit an ein Ende.

GRUNDGEDANKE

Die Gesellschaftsgeschichte wird beherrscht von einem Konflikt zwischen zwei gegnerischen sozialen Kräften (oder Klassen). Dieser wird erst beendet, indem sich die Arbeiter in aller Welt erheben, ihre Ketten abwerfen und das kapitalistische System beseitigen.

WEITERGEDACHT

Die marxistische Vorstellung, dass der Kapitalismus von einer Gesellschaft ersetzt werden wird, in der es keine systematischen Ungleichheiten gibt, erschien bis vor kurzem nicht mehr überzeugend. Angesichts der gegenwärtigen, weltweiten Finanz- und Wirtschaftskrise gewinnen die Ideen von Marx jedoch neue Kraft, da es nicht mehr widerstandslos hingenommen wird, dass eine kleine Gruppe Banker das internationale Finanzsystem kontrolliert und ausbeutet. Die aktuelle Verstaatlichung von Banken mag manchem sogar als später Sieg der Marxistischen Ideen erscheinen.

VERWANDTE THEMEN

siehe auch
KANTS KATEGORISCHER IMPERATIV
Seite 86

MILLS UTILITARISMUS
Seite 90

DENKER

KARL MARX
1818–1883

Laut Marx wird das Bürgertum so lange sein Glas auf das hart arbeitende Proletariat erheben, bis die Revolution beginnt.

dia. hole
1"

DAS STRASSENBAHN-PROBLEM

Das Straßenbahnproblem ist ein Gedankenexperiment, das zu dem Zweck entworfen wurde, uns über unsere moralischen Intuitionen Klarheit zu verschaffen. Es wurde von Philippa Foot formuliert und sieht in seiner Grundform folgendermaßen aus: Eine Straßenbahn gerät außer Kontrolle. Auf den Schienen vor ihr sind fünf Personen festgebunden. Zum Glück ist es möglich, eine Weiche so umzustellen, dass die Straßenbahn auf ein anderes Gleis geführt wird. Unglücklicherweise ist jedoch dort eine andere Person auf den Schienen festgebunden, die stirbt, falls die Weiche umgestellt wird. Was ist zu tun? Die meisten Menschen sagen, es sei richtig, die Weiche umzustellen. Für Anhänger einer utilitaristischen Ethik ist es sogar Pflicht, den Weg der Straßenbahn umzuleiten, denn nach dieser Auffassung ist eine Handlung richtig, wenn sie die allgemeine Zufriedenheit steigert. Judith Jarvis Thompson hat indes eine Variante des Straßenbahnproblems ersonnen, die unsere utilitaristischen Intuitionen auf interessante Art und Weise als unzuverlässig entlarvt. Das Ausgangsszenario entspricht dem ursprünglichen Gedankenexperiment, jedoch verläuft das Gleis der Straßenbahn nun unter einer Brücke. Auf dieser Brücke steht ein äußerst dicker Mann, den man auf die Gleise schubsen könnte, um den Zug anzuhalten und so die fünf Gefesselten zu retten. Ist dies die moralisch gebotene Handlung? Die Rechnung scheint dieselbe wie im ersten Fall zu sein: Eine Person wird geopfert, um fünf andere Personen zu retten. Trotzdem liegen unsere moralischen Intuitionen dieses Mal anders. Die meisten Menschen neigen dazu, es als falsch anzusehen, den Mann von der Brücke zu schubsen.

GRUNDGEDANKE

Wenn es in Ordnung ist, eine Straßenbahn so umzuleiten, dass sie eine statt fünf Personen überfährt, warum ist es dann nicht in Ordnung, einen Passanten vor die Straßenbahn zu schubsen, um das Leben derselben fünf Menschen zu retten?

WEITERGEDACHT

Zwei Dinge scheinen bei unseren Antworten auf die beiden Szenarien eine Rolle zu spielen. Zum einen handeln wir nicht direkt an der Person, die auf dem Gleis festgebunden ist, wenn wir die Straßenbahn umleiten, wohl aber an der Person, die wir von der Brücke schubsen. Zum anderen ist die Person auf den Gleisen bereits in das Geschehen eingebunden, die auf der Brücke nicht. Keine der beiden Erklärungen ist besonders befriedigend. Wahrscheinlich haben unsere Antworten vielmehr etwas mit menschlicher Psychologie als mit moralischer Abwägung von Gründen zu tun.

VERWANDTE THEMEN

siehe auch
KANTS KATEGORISCHER IMPERATIV
Seite 86

MILLS UTILITARISMUS
Seite 90

DENKER

PHILIPPA FOOT
1920–

JUDITH JARVIS THOMPSON
1929–

Es sieht so aus, als würde gleich ein Schienenunglück passieren. Was werden Sie tun? Wozu Sie sich auch immer entscheiden, es wird böse enden.

RELIGION

RELIGION

GLOSSAR

Agnostiker Jemand, der sich des Urteils über die Frage nach der Existenz Gottes enthält, möglicherweise aus dem Grund, dass für beide möglichen Antworten gleich gute Gründe angeführt werden können.

Allgüte Eine Eigenschaft Gottes, die als vollkommene Güte, vollkommene Gerechtigkeit oder vollkommene Liebe aufgefasst wird. Hinsichtlich des Verhältnisses zwischen menschlichem Gutsein und der Güte Gottes gibt es eine Reihe von Fragen, die zuerst von Sokrates gestellt wurden: Wird das moralisch Gute von Gott befohlen, weil es moralisch gut ist? Oder ist es vielmehr moralisch gut, weil Gott es befiehlt? Beide Möglichkeiten sind für den Theisten unbefriedigend.

Allmacht Eine Eigenschaft Gottes, die aufgefasst wird als Fähigkeit, alles zu tun, oder als Fähigkeit, alles zu tun, was logisch möglich ist, oder als Fähigkeit, alles zu tun, was mit dem Wesen Gottes vereinbar ist. Fraglich ist die Widerspruchsfreiheit des Begriffs: Kann Gott zum Beispiel einen Stein erschaffen, der so schwer ist, dass Er selbst ihn nicht heben kann? Gleichermaßen problematisch ist die Frage nach den Grenzen der Allmacht Gottes angesichts Seiner Güte.

Allwissenheit Eine Eigenschaft Gottes, die als Wissen aller Wahrheiten, Wissen von allem, Zugang zu allen wahren Aussagen oder Wissen von allem, was gewusst werden kann, aufgefasst wird. Aus der Allwissenheit ergeben sich Konsequenzen für die menschliche Freiheit, denn angenommen, Gott ist allwissend, dann weiß Er wahrscheinlich auch im Voraus, was jeder von uns tun wird.

Atheist Jemand, der die Existenz Gottes leugnet.

Design/Ordnung Eine Eigenschaft natürlicher Gegenstände, aus der manche glauben, ein Argument für die Existenz Gottes ableiten zu können. Wenn ein Lebewesen bestimmte Merkmale aufweist, die geradezu für einen bestimmten Zweck gemacht zu sein scheinen, schließen manche darauf, dass eine Intelligenz, möglicherweise sogar ein göttlicher Baumeister, dahinter steckt.

Gott Die monotheistische Gottheit, der Gegenstand philosophischer Reflexion in der westlichen, jüdisch-christlichen Tradition. Gott, wie er philosophisch gedacht wird, ist der allwissende, allmächtige und allgütige Schöpfer des Universums, möglicherweise auch der Gebieter über das Gute und das Schlechte. Die Religionsphilosophie beschäftigt sich mit Argumenten für und wider die Existenz Gottes, welche Eigenschaften Ihm zukommen, welche Erkenntnis wir über Ihn erlangen können und vielem mehr.

„Intelligent Design" Eine zeitgenössische Bewegung, die sich auf ein sehr altes philosophisches Argument für die Existenz Gottes beruft, das „teleologische Argument" (von dem griechischen Wort „telos", das „Ziel" oder „Zweck" bedeutet). Moderne Denker nennen es das „Design-Argument". Einwände dagegen gibt es viele.

Ontologisch Bezieht sich auf das Seiende, auf das, was existiert. Mit dem „ontologischen Argument" für die Existenz Gottes versucht man zu zeigen, dass die Existenz Gottes bereits im Begriff Gottes enthalten ist.

Theist Jemand, der an die Existenz Gottes glaubt.

Übel Philosophische Abkürzung für verschiedene Formen des Leids. Obgleich sich der Ausdruck „Übel" normalerweise auf schändliche menschliche Handlungen bezieht, steht er in theologischen Debatten auch für Schmerz und Leiden im Allgemeinen, manchmal auch für die Ursache von Leiden. Kopfschmerzen sind demnach ebenfalls ein Übel. Die Existenz von Übeln ist ein Problem für den Theismus.

Wunder Nach David Hume ist ein Wunder eine Verletzung der Naturgesetze durch das Eingreifen Gottes. Vergleicht man die Gründe für den Glauben an Wunder mit den Belegen für die Geltung der Naturgesetze, schneiden die Wunder schlecht ab. Hume machte dieses Ergebnis zur Grundlage seiner allgemeinen Skepsis gegenüber Wundern.

DIE FÜNF WEGE DES THOMAS

Der heilige Thomas von Aquin ist einer der ersten Denker des christlichen Abendlandes, der Ungläubige mittels empirischer Belege von der Existenz Gottes zu überzeugen versuchte. Seine „fünf Wege" sind fünf Gottesbeweise, von denen jeder mit einer Wahrheit über die Welt beginnt, die auch ein Ungläubiger nur schwer leugnen kann. Von dieser Wahrheit ausgehend schließt Thomas auf die Existenz Gottes. Man bemerkt beispielsweise unschwer, dass sich viele der Dinge, die uns umgeben, bewegen. Alles, was sich bewegt, wird aber von etwas anderem bewegt, das sich auch bewegt – nichts bewegt sich spontan von sich aus. Thomas dachte nun, dass diese Kette einander bewegender Dinge nicht unendlich weit zurückreichen kann. Denn dies hätte zur Folge, dass jegliche Bewegung in einer unendlichen Kette von Bewegungen gleichsam zum Stillstand gebracht würde, sodass sich letztlich gar nichts bewegt. Ganz offensichtlich bewegen sich die Dinge aber, und so muss es einen ersten, unbewegten Beweger geben, der die ganze Kette in Gang gebracht hat. Und das, so schließt Thomas, kann nur Gott sein. Die anderen vier Wege folgen im Großen und Ganzen demselben Muster. So führt der Gedanke, dass alle Ereignisse eine Ursache haben, zu einer unverursachten Erstursache, die die ganze Kausalgeschichte in Gang gesetzt hat. Und Überlegungen zu den Abstufungen der Vollkommenheit münden in der Annahme der Existenz eines absolut vollkommenen Wesens.

GRUNDGEDANKE
Wer über unbezweifelbare Eigenschaften der Welt nachdenkt, wird zu der Schlussfolgerung kommen, dass auch die Existenz Gottes unbezweifelbar ist.

WEITERGEDACHT
Einer der fünf Wege des Thomas wird auch heute noch beschritten – in Form des sogenannten „Design-Arguments" (Thomas selbst spricht von „Ordnung"). Vertreter des „Intelligent Design" verweisen auf die Ordnung in der Natur. Augen scheinen fürs Sehen, Flügel fürs Fliegen wie geschaffen zu sein. Kritiker dieser Auffassung führten jedoch schon lange vor Darwin die vielen „Konstruktionsfehler" der Welt ins Feld. Wie dem auch sei – wessen Idee war es eigentlich, uns durch dieselbe Röhre atmen und essen zu lassen? Nur eine kleine Verbesserung und jede Menge Erstickungsanfälle wären uns erspart geblieben!

VERWANDTE THEMEN
siehe auch
ANSELMS ONTOLOGISCHER GOTTESBEWEIS
Seite 102

DENKER
THOMAS VON AQUIN
1224/25–1274

Jemand muss den Stein ins Rollen gebracht haben, oder?

ANSELMS ONTOLOGISCHER GOTTESBEWEIS

Anselm von Canterbury, später der heilige Anselm, war der Überzeugung, dass es möglich sei, allein mit den Mitteln der Vernunft die Existenz Gottes, die Unsterblichkeit der menschlichen Seele und die Unfehlbarkeit der Bibel zu beweisen. Die meisten Argumente, die er zu diesem Zweck vorgebracht hat, können heute nicht mehr überzeugen. Sein ontologischer Gottesbeweis wird jedoch auch in der modernen Philosophie noch heftig diskutiert. Er sieht folgendermaßen aus: (1) Gott wird definiert als „das, worüber hinaus nichts Größeres gedacht werden kann". (2) Es ist für Dinge, die im Geist existieren – beispielsweise die Idee von Gott –, möglich, auch in der Wirklichkeit zu existieren. Damit ergeben sich zwei Möglichkeiten: Entweder Gott existiert nur im Geist oder Gott existiert im Geist und in der Wirklichkeit. (3) Wenn etwas sowohl im Geist als auch in der Wirklichkeit existiert, ist es größer als etwas, das nur im Geist existiert. (4) Wir haben Gott definiert als „das, worüber hinaus nichts Größeres gedacht werden kann". Wenn Gott also nur im Geist existieren würde, so könnten wir etwas Größeres denken – nämlich einen Gott, der im Geist und in der Wirklichkeit existiert. Also kann Gott nicht bloß im Geist existieren. (5) Simsalabim! Es folgt, dass Gott existiert – sowohl im Geist als auch in der Wirklichkeit.

GRUNDGEDANKE
Wenn Gott nur im Geist existieren würde, wäre Er eines Gottes nicht würdig. Und da ein Gott, der eines Gottes nicht würdig ist, kein Gott ist, muss Er auch in Wirklichkeit existieren.

WEITERGEDACHT
Anselms ontologischer Gottesbeweis hat eine Unmenge an Literatur nach sich gezogen. Das überrascht nicht, denn sein Argument ist zugleich verführerisch und sicherlich ungültig. Eine der ersten Kritiken wurde von dem Mönch Gaunilo geäußert, einem Zeitgenossen Anselms. Er zeigte, dass ein ähnliches Argument für jeden beliebigen Gegenstand vorgebracht werden kann: Wir können uns einen perfekten Stuhl vorstellen. Ein perfekter Stuhl muss aber auch in der Wirklichkeit existieren, denn sonst wäre er nicht perfekt. Also existiert der perfekte Stuhl in Wirklichkeit. Wahrscheinlich bekommt man ihn aber nicht im Ausverkauf bei IKEA.

VERWANDTE THEMEN
siehe auch
DIE FÜNF WEGE DES THOMAS
Seite 100

DENKER
ANSELM VON CANTERBURY
1033–1109

Wenn es Gott nicht gäbe, müssten wir Ihn erfinden – und sobald wir dies täten, würde Er wirklich existieren.

1224
Geboren in Roccasecca in der Nähe von Neapel

1231
Tritt in die Schule des Klosters von Monte Cassino ein

1239
Beginn des Studiums an der Universität von Neapel

1244
Tritt dem Dominikanerorden bei

1250
Priesterweihe in Köln

1252
Studium in Paris mit dem Ziel des Magisters in Theologie

1262
Vollendung des Meisterwerks *Summa contra gentiles*

1270–3
Arbeit an der *Summa Theologiae*

1273
Abbruch der Arbeit an der *Summa Theologiae*

1274
Stirbt auf dem Weg zum Zweiten Konzil von Lyon

THOMAS VON AQUIN

Im Jahr 1244 schloss sich der erst zwanzigjährige Thomas von Aquin, der später heilig gesprochen und als einer der größten Theologen der Geschichte gefeiert werden sollte, dem Dominikanerorden an. Der Orden beschloss kurzerhand, ihn aus seiner Heimat Italien nach Paris zu beordern, wo es ihm möglich war, seine Studien fortzusetzen. Dies verursachte einigen Ärger in Thomas' Familie, die nicht nur groß, sondern auch adelig war und darauf gehofft hatte, dass er der Abt von Monte Cassino werden würde. Also veranlasste sie, dass Thomas auf seiner Reise nach Paris entführt wurde, und zwang ihn, in seine Heimatstadt Roccasecca in der Nähe von Neapel zurückzukehren, wo sie ihn über ein Jahr lang einsperrte. Letzten Endes erlaubte man ihm aber doch die Rückkehr zu den Dominikanern und die anschließende Weiterreise nach Paris, nachdem er seine Frömmigkeit dadurch unter Beweis gestellt hatte, dass er eine Prostituierte, die ihm sein Bruder geschickt hatte, um ihn vom göttlichen Pfad abzubringen, fortschickte.

Von Paris aus zog Thomas weiter nach Köln, wo er zum Priester geweiht wurde. Zurück in Paris strebte er den Magisterabschluss in Theologie an. 1256 schloss er sein Studium ab und wurde Dozent an der Universität. Thomas verbrachte den Rest seines Lebens als Pendler zwischen verschiedenen Orten des gelehrten Lebens in Frankreich und Italien. Obwohl er bereits in seinen Vierzigern verstarb, schuf er ein atemberaubend umfangreiches Werk – alles in allem viele Millionen Wörter.

Diese Wortlawine, die Werke wie die *Summa contra gentiles (Summe gegen die Heiden)* oder die *Summa theologiae (Summe der Theologie)* umfasst, kam nach der Nikolausmesse des Jahres 1273 zu einem abrupten Stillstand. Thomas wird mit folgenden erklärenden Worten zitiert: „Alles, was ich geschrieben habe, erscheint mir wie Stroh im Vergleich zu dem, was mir nun eröffnet wurde." Einige Monate später, als Thomas auf dem Weg zu einem Kirchenkonzil war, brachte er es fertig, mit seinem Kopf gegen einen herabhängenden Ast zu schlagen und vom Esel zu fallen. Kurz darauf starb er in der Zisterzienserabtei Fossanova.

EPIKURS RÄTSEL

Manche glauben, dass die Existenz des Übels in der Welt und die Existenz eines allwissenden, allmächtigen und allgütigen Gottes miteinander unverträglich sind. Also muss man wohl den Glauben an die Existenz Gottes aufgeben, denn das Übel in der Welt ist schlichtweg nicht zu leugnen. Zuerst wurde dieses Problem des Theismus, das sogenannte „Problem des Übels", wahrscheinlich von dem antiken griechischen Philosophen Epikur formuliert. Wir wissen nicht genau, was Epikur gesagt hat – wir haben lediglich Berichte antiker Kommentatoren zur Verfügung –, aber wir wissen, dass Epikur nicht direkt für den Atheismus argumentiert hat. Vielmehr war sein grundlegendes Ziel, den Menschen die Angst zu nehmen, und eine große Quelle der Angst waren in seiner Zeit die Götter. Man wusste nie, wann sie einem übel mitspielen würden. Wenn aber Übel existieren (und zwar unverdiente Übel), dann spricht vieles dafür, dass sich die Götter nicht allzu sehr in das Leben der Menschen einmischen. Die Sache stellt sich ungefähr wie folgt dar: Entweder wollen die Götter etwas gegen das Übel tun und können es nicht, oder sie können, wollen es aber nicht. Entweder muss man sie also nicht fürchten, da sie keine Macht haben, oder sie sind böse und folglich keine wahren Götter.

GRUNDGEDANKE

Warum passieren guten Menschen schlechte Dinge?

WEITERGEDACHT

Es gibt viele Antworten der Theisten auf die Frage des Übels. Manche argumentieren, dass die existierenden Übel auf irgendeine Weise notwendig seien, da sie eine entscheidende Rolle in Gottes Plänen spielen. Vielleicht hat Gott einige Übel zugelassen, um uns zu testen und uns die Chance zu geben, tugendhaft zu sein. Andere wiederum verweisen darauf, dass manche Übel überwältigend sind und daher einen Test darstellen, an dem wir nur scheitern können. Hätte Gott uns nicht von Anfang an als tugendhafte Menschen erschaffen können?

DENKER

EPIKUR

341–270 V. CHR.

Wie können gerechte Götter zulassen, dass das Übel existiert? Das ist eine gute Frage, aber man stelle sie ihnen lieber höflich, damit sie nicht böse werden.

PALEYS UHRMACHER

GRUNDGEDANKE
Gegen Darwin zieht der Alltagsverstand den Kürzeren.

WEITERGEDACHT
Vertreter des „Intelligent Design" bedienen sich einer raffinierten Version von Paleys Argument. Sie führen an, dass sich bestimmte Eigenschaften von Organismen nicht durch Zufall hätten entwickeln können, und daher sei die beste Erklärung für ihre Existenz eine göttliche Absicht. Intelligent Design wird zwar kontrovers diskutiert, aber die Wissenschaftler sind sich nahezu einig. Fast alle Biologen ziehen die natürliche Selektion dem Intelligent Design als Erklärung der Artenvielfalt und der Komplexität des Lebens auf der Erde vor.

Stellen Sie sich vor, Sie spazieren am Strand entlang und finden eine Uhr im Sand. Sie wissen, dass etwas so Kompliziertes und Aufwändiges nicht durch Zufall entstanden sein kann. Keinerlei Kombination von Wellen hätte dies zustande bringen können. Also folgern Sie, dass die Uhr absichtlich und mit Kunstfertigkeit und Sorgfalt hergestellt wurde. Schauen Sie sich nun das Universum an. Es ist viel komplizierter als eine Uhr. Also ist es noch viel unwahrscheinlicher, dass es durch Zufall entstanden ist. Es muss daher ein Gegenstück zu dem Uhrmacher geben – einen göttlichen Schöpfer, Gott. So argumentierte William Paley, allerdings in nicht sehr überzeugender Weise. Schließlich wissen wir, welche Art von Ding eine Uhr ist und woher sie kommt. Der Gedanke an einen Uhrmacher ist hier also naheliegend. Wie David Hume hervorhob, haben wir aber keine Vorstellung davon, wer oder was für die Erschaffung eines Universums verantwortlich sein könnte. Uns fehlt hier jegliche Erfahrung. Was aber noch gravierender ist: Wir wissen, dass alle Dinge in der Natur wachsen, aber nicht geschaffen werden. Eier werden von Hühnern gelegt, nicht auf der Werkbank hergestellt. Der gewichtigste Einwand jedoch ist, dass wir mit Darwins Evolutionstheorie völlig ohne einen göttlichen Baumeister erklären können, wie sich komplexes Leben entwickelt hat. Wie plausibel auch immer Paleys Argument erscheinen mag, die Zeit seines Uhrmachers ist abgelaufen.

VERWANDTE THEMEN
siehe auch
ANSELMS ONTOLOGISCHER GOTTESBEWEIS
Seite 102

DIE FÜNF WEGE DES THOMAS
Seite 100

DENKER
WILLIAM PALEY
1743–1805

DAVID HUME
1711–1776

Sicherlich kann etwas so Komplexes wie eine Uhr nicht spontan entstehen – oder vielleicht doch? Werfen Sie die Teile eines Uhrwerks immer wieder zufällig durcheinander und irgendwann einmal wird sich die richtige Anordnung ergeben. Aber nehmen Sie sich Zeit – Sie könnten sehr viel davon brauchen.

B
J
C
J′
A
N
P
K
D
H
F
M
Q
O
FIG. I.
S

PASCALS WETTE

Bevor er ein strenggläubiger Christ wurde, war der berühmte Mathematiker Blaise Pascal ein Spieler. Pascal war der Begründer der Wahrscheinlichkeitstheorie und arbeitete eine Methode aus, den Geldwert von Wetten in Glücksspielen zu bestimmen, die auf Wahrscheinlichkeiten beruhen. Er behauptete, dass sich die Entscheidung darüber, an Gott zu glauben oder nicht, als Glücksspiel auffassen lässt, nämlich als Wette auf die These, dass Gott existiert. Falls Gott existiert, besteht die Konsequenz des Glaubens an ihn in ewiger Glückseligkeit. Atheisten und Agnostiker hingegen erwartet die Hölle. Falls Gott jedoch nicht existiert, liegt die Konsequenz des Glaubens höchstens darin, ein anspruchsvolles religiöses Leben zu führen, während sich für den Ungläubigen nichts ändert. Pascal stellte fest, dass im Falle von Gottes Existenz die Konsequenzen des Unglaubens so schrecklich, die des Glaubens hingegen so wundervoll seien, dass es selbst dann, wenn man die Wahrscheinlichkeit der Existenz Gottes für sehr klein erachtet, besser sei, darauf zu wetten, dass er existiert.

GRUNDGEDANKE
Pascal glaubte, bewiesen zu haben, dass die Wette auf Gottes Existenz verdammt viel mehr wert sei als die Wette auf seine Nicht-Existenz.

WEITERGEDACHT
Eine Schwierigkeit der Pascal'schen Argumentation besteht darin, dass es gar nicht so leicht ist, zu beschließen, an Gott zu glauben, wenn man meint, dass es sehr unwahrscheinlich ist, dass Gott existiert. Und selbst wenn man sich dazu entscheidet, bleibt fraglich, ob Gott (zumindest der christliche Gott) geneigt wäre, jemanden zu belohnen, der aufgrund einer Glücksspielwette an ihn glaubt.

VERWANDTE THEMEN
siehe auch
HUME GEGEN WUNDER
Seite 112

DENKER
BLAISE PASCAL
1623–1662

Gott würfelt nicht. Er wäre gewiss auch nicht davon angetan, wenn Glaube und Unglaube eine Frage der Gewinnchancen in einem Glücksspiel wären.

HUME GEGEN WUNDER

Es wird berichtet, dass jemand in Wichita, Kansas, sich von ganz allein in die Luft erhoben hat. Wenn das stimmen würde, wäre es ein Wunder; jemand oder etwas hätte die Naturgesetze außer Kraft gesetzt oder sie geändert. Kann es jemals einen Grund geben, solchen Gerüchten Glauben zu schenken? Laut David Hume kann es das nicht. Im Wesentlichen beruhen seine Überlegungen auf dem Abwägen von Wahrscheinlichkeiten. Gab es jemals einen echten, bestätigten Fall eines Wunders? Nein. Haben Menschen oft gelogen oder sich geirrt, wenn sie behaupteten, ein Wunder beobachtet zu haben? Ja. Was ist also wahrscheinlicher in unserem Fall? Ein weiterer Schwindel bzw. Irrtum oder ein tatsächliches Wunder? Mit großer Wahrscheinlichkeit liegt wieder ein Fehlalarm vor. Das gilt auch in Fällen, in denen man nicht erklären kann, wie sich das „Wunder" wirklich zugetragen hat. Es bleibt wahrscheinlicher, dass es eine natürliche Ursache gibt, die wir möglicherweise eines Tages noch entdecken werden, als dass die Naturgesetze tatsächlich aufgehoben wurden. Die Schlussfolgerung daraus ist, dass es niemals gute, vernünftige Gründe für die Annahme eines Wunders gibt. Der Glaube mag uns vielleicht dazu ermutigen, an Wunder zu glauben, aber die Vernunft wird das niemals tun.

GRUNDGEDANKE

Es ist immer glaubwürdiger, dass Berichte über Wunder unglaubwürdig sind.

WEITERGEDACHT

Ist es wahr, dass ein Wunder mit der Verletzung der Naturgesetze einhergeht? Könnte Gott es beispielsweise nicht genau so einrichten, dass sich das Rote Meer allein aufgrund natürlicher Ursachen und genau in dem richtigen Moment für die Flucht der Israeliten teilt? Möglicherweise. Aber um den richtigen Zeitpunkt festzulegen, müsste an irgendeinem Punkt der natürlichen Kausalkette herumgebastelt werden, und dies würde wiederum eine „Einmischung" in den Ablauf der Naturgesetze darstellen.

VERWANDTE THEMEN

siehe auch
PASCALS WETTE
Seite 110

DENKER

DAVID HUME
1711–1776

Sie mögen vielleicht an Wunder glauben, aber laut David Hume gibt es keinen Grund dazu.

GROSSE PHILOSOPHISCHE MOMENTE

GROSSE PHILOSOPHISCHE MOMENTE

GLOSSAR

A posteriori Ein lateinischer Ausdruck, der „vom späteren her" bedeutet. Philosophen verwenden den Begriff, um sich auf Wissen zu beziehen, das der sinnlichen Erfahrung nachfolgt oder durch Erfahrung gerechtfertigt ist.

A priori Ein lateinischer Ausdruck, der „vom früheren her" bedeutet. Philosophen verwenden den Begriff, um sich auf Wissen zu beziehen, das vor der Erfahrung liegt (das sogenannte angeborene Wissen) oder das – weniger kontrovers – unabhängig von Erfahrung gerechtfertigt ist.

Atom Abgeleitet vom altgriechischen Wort „atomos", das „unteilbar" bedeutet. Atomisten waren der Ansicht, dass alles im Universum aus winzigen, unteilbaren Grundbausteinen besteht, die im Leeren herumschwirren und durch Zusammenstoß und Zusammenballung die sichtbaren Gegenstände formen.

Außenwelt Die Welt der Dinge, wie sie unabhängig von unseren Erfahrungen mit den Dingen existiert. Im Gegensatz dazu steht die „innere" Welt der Gedanken, Wahrnehmungen, Gefühle usf.

Das Gute In Platons Verständnis die höchste Form bzw. der höchste Allgemeinbegriff. Nach Auffassung vieler Interpreten dachte Platon, dass man keine Weisheit, also Wissen über all die anderen Formen, erlangen könne, wenn man nicht die Form des Guten erfasst habe.

Epikureisch Steht im Zusammenhang mit der Philosophie des antiken griechischen Atomisten, Hedonisten und vielleicht ersten Empiristen Epikur. Manchmal wird der Ausdruck verkürzend und missverständlich nur auf die hedonistische Moralphilosophie Epikurs bezogen und bezeichnet dann, grob gesagt, eine Person, die niederen körperlichen Freuden zugetan ist.

Formen Nach Platon die perfekten, unveränderlichen und paradigmatischen Allgemeinbegriffe bzw. Archetypen all der Dinge, die wir um uns herum sehen. Es gibt beispielsweise viele schöne Dinge – Gemälde, Menschen, Landschaften, Musikstücke etc. –, die sich alle in der Form des Schönen ähneln. Wenn man das Schöne an sich vor seinem geistigen Auge betrachtet und besser kennenlernt, wird man sein Urteilsvermögen über die schönen Dinge in der Welt verbessern. In den Formen erkannte Platon etwas Ewiges, von dem er annahm, dass es für echtes Wissen notwendig ist.

Geist Ein zentraler Begriff des Idealismus von George Berkeley. Der Geist ist gleichsam ein „Behälter" der Ideen, bzw. kennt die Ideen und handelt auf der Grundlage dieser Kenntnis.

Ideen Ein weiterer zentraler Begriff des Idealismus George Berkeleys. Ideen sind die passiven Elemente des menschlichen Wissens, die nur in einem Geist existieren können, der sie wahrnimmt.

Indirektes Bewusstsein Unsere prekäre Wahrnehmungsbeziehung zur Welt. Wenn unser Bewusstsein von inneren, geistigen Vorstellungen von Gegenständen der Außenwelt direkt ist, dann ist unser Bewusstsein von der Außenwelt selbst bloß indirekt.

Materielles Substrat Ein Etwas, von dem wir nicht wissen, was es ist, das aber unseren Wahrnehmungen materieller Gegenstände zugrundeliegen soll. Nach George Berkeley ist es nichts anderes als philosophische Fiktion.

Sonne Die Repräsentation der Form des Guten in Platons Höhlengleichnis. Sobald man die Höhle verlassen hat, ist man in der Lage, die wirklichen Gegenstände und nicht bloß Schatten zu sehen. So wie wir aufgrund des Lichts der Sonne die Dinge in der Welt sehen können, können wir nach Platon die Formen verstehen, sobald wir das Gute selbst erfasst haben.

Zweck Nach Aristoteles ein grundlegendes Merkmal beinahe jeder Erklärung. Während man in den modernen Wissenschaften versucht, die Dinge zu verstehen, indem man sie als zweckfrei begreift, glaubte Aristoteles überall Zwecke, Ziele und Absichten zu erkennen: Rauch steigt auf, da er „nach dem Himmel strebt"; Eicheln wachsen, weil sie eine Eiche werden wollen usf.

DIE SOKRATISCHE METHODE

Sokrates soll der weiseste Mann im alten Athen gewesen sein, da er wusste, dass er nichts wusste. In den Dialogen des Platon wird Sokrates als jemand geschildert, der seine Weisheit dadurch verbreitete, dass er herumging und die Menschen über bestimmte Themen trickreich befragte, bis sie sich schließlich in Widersprüche verstrickten. In dem berühmten platonischen Dialog *Der Staat* fragt Sokrates beispielsweise, was Gerechtigkeit sei. Kephalos antwortet, dass sie darin bestehe, die Wahrheit zu sagen und seine Schulden zu bezahlen. Sokrates fragt jedoch weiter, ob es also gerecht sei, ein Schwert, das man sich von jemandem geliehen habe, zurückzugeben. Was aber sei, wenn man wisse, dass die Person, die ihr Schwert zurückfordert, inzwischen verrückt und gefährlich geworden ist? „Es gibt eben Ausnahmen", gesteht Kephalos zu. In bestimmten Fällen verlange die Gerechtigkeit also gerade nicht, das zurückzugeben, was man schuldig sei. Kephalos hat sein eigenes Argument untergraben und erkennen lassen, dass er nicht weiß, was er über die Gerechtigkeit zu wissen glaubt. Sokrates belässt es dabei und befragt eine andere Person. Diese Methode mag negativ und zerstörerisch wirken; wenn man aber an wahren Überzeugungen interessiert ist, muss man die Meinungen, die man hat, gründlich überprüfen. Wenn man das tut – so die Auffassung des Sokrates –, findet man heraus, dass das meiste, was man zu wissen glaubt, in Wirklichkeit falsch ist.

GRUNDGEDANKE
Frag die Leute Löcher in den Bauch und überzeuge sie schließlich, dass sie nicht wissen, worüber sie reden!

WEITERGEDACHT
Viele Philosophen haben behauptet, die „Sokratische Methode" übernommen zu haben, obgleich das, was sie tun, häufig wenig Ähnlichkeit mit dem hochgradig negativen Ansatz des Sokrates besitzt. Manchmal wird die Bezeichnung „Sokratische Methode" in einem weiten Sinn verstanden und auf die strenge Untersuchung eines Begriffs durch Fragen und Antworten bezogen. Andere wiederum haben in der praktischen Philosophie den Sokratischen Dialog zu einer äußerst demokratischen und kooperativen Diskussionsform weiterentwickelt – in völligem Gegensatz zu der Art und Weise, in der Sokrates die Argumente seiner Gesprächspartner zerschmetterte.

VERWANDTE THEMEN
siehe auch
HEGELSCHE DIALEKTIK
Seite 132

DENKER
SOKRATES
469–399 v. Chr.

PLATO
428/27–348/47 v. Chr.

„Sokrates war weise. Sokrates war ein Mensch. Also sind alle Menschen weise." Nein, das kann doch nicht richtig sein. Versuchen wir es noch einmal!

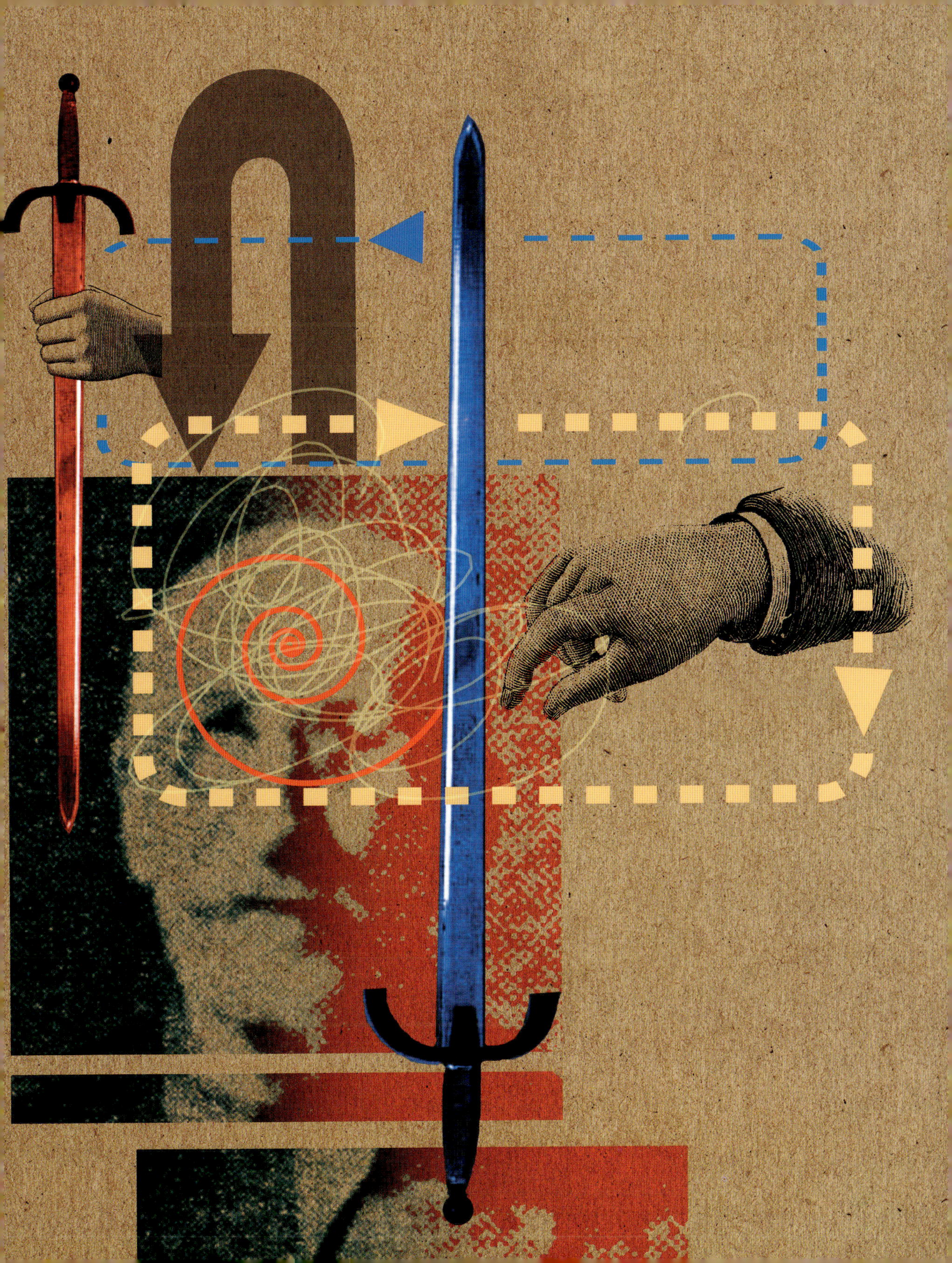

PLATONS HÖHLE

Zeichnen wir folgendes Bild des menschlichen Daseins: Menschen sitzen in einer dunklen Höhle und betrachten Schatten, die auf der Höhlenwand erscheinen und die sie für die Wirklichkeit halten. Würde man einen dieser Menschen in das Tageslicht hinausbringen, wäre er so geblendet, dass er nicht sehen könnte. Mit der Zeit jedoch wäre der Mensch in der Lage, sich umzusehen, die Dinge der wirklichen Welt zu erkennen und sogar die Lichtquelle auszumachen, die für die Sichtbarkeit der Wirklichkeit sorgt: die Sonne. Ginge der Mensch jedoch zurück in die Höhle, um den Höhlenbewohnern die Wahrheit über die Wirklichkeit zu erklären, würde er nicht nur ausgelacht, sondern möglicherweise sogar umgebracht. – Dies ist das Szenario von Platons Höhle, eines der einprägsamsten und wirkmächtigsten Bilder der abendländischen Geistesgeschichte. Im Grunde ist es nicht schwer, seine Bedeutung zu entschlüsseln. Die Höhlenbewohner stehen für die unwissende Masse. Die Schatten sind einzelne vergängliche, materielle Gegenstände im Unterschied zu den ewigen, universellen Ideen, deren schwache Abbilder die Dinge in Raum und Zeit sind. Die Person, die der Höhle entflieht, repräsentiert den Philosophen; die Sonne steht für das Gute, den Ursprung aller Wahrheit. Der Tod des in die Höhle zurückkehrenden Philosophen spielt auf die Hinrichtung des Sokrates an, den Platon in seinem Dialog *Der Staat* die Höhlenmetapher darstellen und damit den eigenen Untergang vorwegnehmen lässt. Und worin besteht die Moral der Geschichte? Der Lohn der Philosophie besteht in wahrer Erkenntnis, nicht in Beifall, Ruhm und Reichtum.

GRUNDGEDANKE

Wir Menschen sind versessen auf Illusionen, anfällig dafür, durch das Licht der Erkenntnis eher geblendet zu werden, als hindurchzusehen. Einzig der Philosoph scheint davon ausgenommen zu sein.

WEITERGEDACHT

Man fühle sich nicht beruhigt durch den Gedanken, dass zu den heutigen Höhlenbewohnern lediglich diejenigen gehören, die fortwährend vor den Fernsehgeräten sitzen. Platons Höhle zu entkommen ist weitaus schwieriger, als den Aus-Schalter des Fernsehers zu betätigen. Selbst Künstler und Naturwissenschaftler schenken Platon zufolge den grundlegenden Dingen, den ewigen Ideen, keine Aufmerksamkeit. Es fragt sich daher, ob Platons Wahrheiten, wenn sie außerhalb der raumzeitlichen Wirklichkeit liegen, überhaupt existieren. Ist es also möglich, aus der Höhle zu entfliehen? Und wenn ja, ist es wünschenswert?

VERWANDTE THEMEN

siehe auch
BERKELEYS IDEALISMUS
Seite 128

MOORES GESUNDER MENSCHENVERSTAND
Seite 136

DENKER

PLATON
428/27–348/47 v. Chr.

SOKRATES
469–399 v. Chr.

Man denke lieber zweimal nach, bevor man seine Höhle verlässt. Möglicherweise wird man nicht mehr zurückkehren.

DIE VIER-URSACHEN-LEHRE DES ARISTOTELES

GRUNDGEDANKE
Sie wollen wissen, warum?

WEITERGEDACHT
Nach Aristoteles haben nicht nur Statuen, sondern auch natürliche Dinge einen Sinn und Zweck. Der Zweck einer Eichel ist es zum Beispiel, eine Eiche zu werden. Wenn man das nicht weiß – das will Aristoteles behaupten –, versteht man nicht wirklich, was eine Eichel ist. Es brauchte nicht weniger als weitere 2.000 Jahre des Nachdenkens und eines weiteren begnadeten Genies, nämlich Charles Darwin (1809–1882), um uns wieder von dem Gedanken abzubringen, dass alle Dinge in der Welt einen Zweck haben.

Es besteht kein Zweifel daran, dass der antike griechische Philosoph Aristoteles ein außergewöhnliches Genie war. Nicht nur behandelte er viele Themengebiete mit Strenge und Klarheit, sondern er erfand geradezu neue Disziplinen. Ein philosophisches Werkzeug, das er bei seinen Forschungen verwendete, war die „Vier-Ursachen-Lehre". Wenn man mit Warum-Fragen nach einer Sache fragt, gibt es – so Aristoteles – vier verschiedene Sorten von Antworten, die sich auf vier unterschiedliche kausale Erklärungen der Sache beziehen. In Anlehnung an ein Beispiel von Aristoteles können wir die Frage „Warum ist dies eine Statue?" auf vier Arten beantworten. Wir können erstens sagen, dass es sich um eine Statue handelt, da sie aus einer Materie, z. B. Bronze oder Stein, gemacht ist, die üblicherweise zur Herstellung von Statuen verwendet wird („Stoffursache"). Zweitens ist es eine Statue, weil sie die Form einer Statue hat bzw. zur Art der Statuen gehört („Formursache"). Eine dritte Antwort könnte lauten, dass es eine Statue ist, da sie von einem Bildhauer hergestellt wurde („Wirkursache"). Viertens schließlich handelt es sich um eine Statue, weil sie einem Ziel dient, dem Statuen normalerweise dienen – beispielsweise der Dekoration eines Raumes („Zweckursache"). Die vier Ursachen einer Sache zu kennen, bedeutet nicht nur, über ihre materiellen Grundlagen Bescheid zu wissen, sondern auch, ihren Sinn und ihren Zweck zu erfassen.

VERWANDTE THEMEN
siehe auch
RUSSELLS THEORIE DER KENNZEICHNUNGEN
Seite 22

DENKER
ARISTOTELES
384–322 v. Chr.

Aristoteles mochte es, möglichst vollständige Antworten zu geben – zu jeder Frage gehörten mindestens vier Antworten.

DER ATOMISMUS DES LUKREZ

Selbst wenn das epische Gedicht *Über die Natur der Dinge* des Lukrez nichts von philosophischem Interesse böte, würden wir es gleichwohl aufgrund seiner außerordentlichen Schönheit lesen. Das Werk ist indes das großartigste und erhellendste antike Zeugnis der Epikureischen Weltsicht und daher von außerordentlicher philosophischer Bedeutung. Epikur (341–270 v. Chr.) glaubte, dass alles aus kleinen unzerstörbaren Atomen aufgebaut ist, die sich im leeren Raum drängeln.

Lukrez entwickelte den Atomismus fort, doch er ehrte Epikur in nahezu jeder Zeile seines Gedichts. Lukrez vertrat eine durch und durch naturalistische Sichtweise der Dinge, nach der das Universum vollständig zweckfrei ist und mechanistisch aufgefasst werden muss. Allerdings stellt die Zweckfreiheit der Welt nicht nur eine Ernüchterung dar, sondern auch eine Erleichterung. Menschen sind nun nicht mehr den Launen der Götter ausgesetzt oder in den Wirren des Schicksals gefangen. Für Lukrez waren übernatürliche Erklärungen von Ereignissen nicht nur seltsam, sondern geradezu lächerlich und kindisch.

Durch ihn gedieh der Atomismus von einer bloßen Vermutung zu einer voll entwickelten philosophischen Position. Aus Sicht eines Atomisten verbinden sich die Atome im leeren Raum und bilden so absolut alles, was es gibt. Sie sind alles, was wir brauchen, um unsere Welt, uns selbst eingeschlossen, zu verstehen. Lukrez' Weltsicht stellt eine weitreichende Abkehr von religiösem Aberglauben dar. Seine Dichtung lässt die Menschheit somit ein Stück reifer werden.

GRUNDGEDANKE

Viele Jahrhunderte, bevor Robert Boyle die radikale Idee vorbrachte, dass die elementaren Bausteine der Materie nicht Erde, Luft, Feuer und Wasser seien, hatte schon ein römischer Poet über die Natur der Atome nachgedacht.

WEITERGEDACHT

Es gibt einige verblüffende Passagen in Lukrez' Gedicht, die Anklänge an die Evolutionstheorie und sogar die moderne Wissenschaft im Allgemeinen enthalten. Wenn man diese Passagen liest, fragt man sich, warum wir uns nicht unverzüglich nach Lukrez in das Abenteuer der wissenschaftlichen Forschung gestürzt haben. Tatsächlich wurde Lukrez' Werk bis zu seiner Wiederentdeckung in der Renaissance kaum gelesen. Es ist ein interessanter Gedanke, sich vorzustellen, in welcher Welt wir heute leben würden, wenn Lukrez schon zu seiner Zeit ernst genommen worden wäre.

VERWANDTE THEMEN

siehe auch
LAPLACE'SCHER DÄMON, DETERMINISMUS & FREIER WILLE
Seite 74

DENKER

LUKREZ
99–55 v. Chr.

ROBERT BOYLE
1627–1691

Sechzehn Jahrhunderte vor den ersten Chemikern ersetzte Lukrez Erde, Luft, Feuer und Wasser durch eine Welt aus winzigen Atomen.

1889
Geboren in Wien (Österreich-Ungarn)

1911
Ankunft in Cambridge, wo er Philosophie bei Bertrand Russell studiert

1922
Veröffentlichung des *Tractatus Logico-Philosophicus*

1927
Beginn der Diskussionen mit einigen Vertretern des Wiener Kreises

1929
Rückkehr nach Cambridge, wo er ein Jahr später Dozent wird

1939
Ruf auf einen Lehrstuhl in Cambridge

1947
Rücktritt von seiner Anstellung in Cambridge

1951
Stirbt in Cambridge

1953
Veröffentlichung seines zweiten großen Werkes, der *Philosophischen Untersuchungen*

LUDWIG WITTGENSTEIN

Viele halten Ludwig Wittgenstein für den wichtigsten Philosophen des 20. Jahrhunderts. Es entbehrt daher nicht einer gewissen Ironie, dass die bekannteste Anekdote über ihn berichtet, dass er während eines Disputs über moralische Regeln mit einem Stock bedrohlich vor seinem Kollegen Karl Popper (1902–1994) herumgefuchtelt hat. Dieser Vorfall ereignete sich im Cambridge Moral Science Club im Oktober 1946 und zeugt von einem Leben, das mit einer bezwingenden, wenngleich manchmal tragischen Intensität geführt wurde.

Wittgenstein wurde am 26. April 1889 in Wien in eine wohlhabende Industriellenfamilie hineingeboren. Seine Erziehung war unkonventionell (bis er 14 Jahre alt war, besuchte er nicht einmal eine Schule), aber er brachte es gleichwohl zustande, sich an der Manchester University für Ingenieurwissenschaften einzuschreiben. Dort erwachte sein Interesse an der Philosophie. Auf Anraten von Gottlob Frege (1848–1925) ging er 1911 nach Cambridge, um bei Bertrand Russell (1872–1970) zu studieren.

Er blieb zwar nicht lange in Cambridge, aber es wurde sofort klar, dass er ein brillanter Kopf war. Er schrieb das Manuskript, das sein erstes großes Werk werden sollte, den *Tractatus Logico-Philosophicus*, während er im Ersten Weltkrieg an der österreichischen Ostfront diente. Nachdem das Buch 1922 publiziert worden war, gab Wittgenstein die Philosophie jedoch völlig auf und wurde Schullehrer und später Gärtner. Es dauerte fünf Jahre, bis sein philosophisches Interesse wieder erwachte, als er die Gelegenheit hatte, mit den Philosophen des sogenannten Wiener Kreises zu diskutieren. Dabei kam ihm der Gedanke, dass der Ansatz, den er im *Tractatus* verfolgt hatte, möglicherweise verfehlt gewesen war. Diese Einsicht läutete die zweite Phase seiner Karriere ein, während derer er am Trinity College in Cambridge lehrte und den Weg für eine philosophische Strömung ebnete, die nach dem Zweiten Weltkrieg als „Philosophie der natürlichen Sprache" bekannt wurde.

Wittgenstein starb 1951 im Alter von 62 Jahren, nachdem er sein zweites epochales Werk, die posthum veröffentlichten *Philosophischen Untersuchungen*, verfasst hatte. In diesem Werk entwickelte er seine neuen Ideen über Bedeutung und Sprache.

BERKELEYS IDEALISMUS

Wahrscheinlich würden wir alle zugestehen, dass unsere Sinne uns mit Vorstellungen über die Welt versorgen, aber nicht jeder erfasst, welche Konsequenzen mit diesem Gedanken verbunden sind. Es bedeutet nämlich, dass wir ein Bewusstsein von den Dingen in der Welt nur indirekt mittels innerer, geistiger Repräsentationen haben. Wenn Sie ein misstrauischer Mensch sind, werden Sie fragen, woher wir denn wissen, dass unsere geistigen Vorstellungen wirklich das repräsentieren, was es „da draußen" gibt.

George Berkeleys überraschende Antwort auf dieses skeptische Unbehagen war der Idealismus – die Leugnung der Existenz aller Dinge außer unserem Geist und seinen Ideen. Es besteht demnach kein Grund für die Skepsis an der äußeren Welt, denn es gibt diese Welt gar nicht und folglich auch keine Materie, die unseren Erfahrungen zugrundeliegt. In einem gewissen Sinn gibt es die Dinge gleichwohl doch, denn wir setzen unsere regelmäßig auftretenden sinnlichen Erfahrungen zusammen und geben ihnen Namen. „Apfel" ist unser Wort für eine widerspruchsfreie Sammlung von Süß-, Rot- und Knackig-Eindrücken. Das ist nach Berkeley alles, was an einem Apfel dran ist. Anzunehmen, dass er etwas darüber hinaus ist, etwas außerhalb von uns, heißt, den sicheren Boden unserer sinnlichen Belege zu verlassen. Schlimmer noch, es bedeutet, den absurden Gedanken zu fassen, dass Süße, ohne geschmeckt zu werden, und Röte, ohne gesehen zu werden, existieren können. Wenn Sie damit nicht einverstanden sind, bedenken Sie, dass Sie es sind, die die anspruchsvollere Position vertreten, dass Sie also mehr annehmen als der Idealist, nämlich irgendein materielles Substrat der sinnlichen Eindrücke. Die Beweislast, so würde Berkeley sagen, liegt also bei Ihnen.

GRUNDGEDANKE
Wenn Sie Berkeley fragen, befindet sich alles bloß in unseren Köpfen.

WEITERGEDACHT
Wenn dieser Apfel nur in meinem Geist existiert, der ihn wahrnimmt, verschwindet er dann, wenn ich meine Augen schließe? Berkeley behauptet, dass Gott wahrnimmt und damit das gesamte Universum erhält, unabhängig davon, ob wir die Dinge gerade anschauen oder nicht. Viele halten diese Antwort für ad hoc (d. h. für erzwungen und unbegründet). Für Berkeley beweist die kontinuierliche Existenz aller Dinge jedoch nicht nur die Existenz Gottes, sondern auch seine Gutmütigkeit.

VERWANDTE THEMEN
siehe auch
PLATONS HÖHLE
Seite 120

WITTGENSTEINS ABBILDTHEORIE DER SPRACHE
Seite 138

DENKER
GEORGE BERKELEY
1685–1753

Würde etwas da draußen existieren, wenn wir das Universum nicht wahrnehmen könnten?

KANTS SYNTHETISCHES APRIORI

GRUNDGEDANKE
Wahre metaphysische Behauptungen sagen nicht nur Seltsames über die Welt, sie sind selbst höchst seltsame Dinge.

WEITERGEDACHT
Falls Kant mit seiner Auffassung, dass metaphysische Aussagen eigentümliche Zwitter sind, richtig liegt, kann er sehr gut erklären, warum Rationalisten und Empiristen so große Probleme haben, metaphysische Wahrheiten zu begründen. Rationalisten versuchen, die Wahrheit durch die Vernunft und durch gedankliche Reflexion zu finden, Empiristen rechtfertigen ihre Überzeugungen durch die Erfahrung. Nach Kant ist jedoch ein völlig neuer Zugang zur Metaphysik erforderlich. Kants neuartige Erkenntnistheorie hat letztlich den Gang der gesamten westlichen Philosophie verändert.

Seien Sie auf zwei schwierige Unterscheidungen gefasst! Immanuel Kant unterschied zwischen „analytischen" und „synthetischen" Aussagen. Eine Aussage ist analytisch, wenn der Prädikatbegriff im Subjektbegriff enthalten ist. Eine Aussage ist synthetisch, wenn der Prädikatbegriff dem Subjektbegriff etwas Neues hinzufügt. Die Aussage „Dreiecke haben drei Seiten." ist also analytisch, da der Begriff der ‚Dreiseitigkeit' im Begriff des Dreiecks enthalten ist. „Dreiecke eignen sich hervorragend für Segel." ist hingegen eine synthetische Aussage, da die Geeignetheit von Dreiecken für Segel sicherlich nicht zum Begriff des Dreiecks gehört. Kant unterscheidet auch zwischen „Apriori-Wissen" und „Aposteriori-Wissen". Apriori-Wissen erlangen wir durch bloßes Nachdenken, durch die Vernunft, während Aposteriori-Wissen empirisch ist, d. h. auf Erfahrung gründet. Es sieht also so aus, als könnten analytische Aussagen nur a priori, also unabhängig von Erfahrung, gewonnen werden. Synthetische Aussagen scheinen hingegen mindestens auch der Erfahrung zu bedürfen und damit dem Aposteriori-Wissen anzugehören. Hier kommt jedoch der Haken an der Angelegenheit: Kant ist der Meinung, dass metaphysische Wahrheiten eigentümliche synthetisch-apriorische Zwitter sein müssen, also Aussagen, die informativ hinsichtlich der Erfahrungswelt sind und doch ohne Bezugnahme auf Erfahrung gewusst werden können. Sie sollen synthetisch sein und folglich etwas Neues mitteilen, das nicht im Subjektbegriff enthalten ist, und doch zugleich a priori gelten, d. h. unabhängig von Erfahrung erkannt werden können. Die Aussage „Jedes Ereignis hat eine Ursache." macht beispielsweise den Eindruck, als sei sie synthetisch und a priori.
Der Begriff des Ereignisses enthält nicht den Begriff der Ursache; zudem erlaubt es unsere grundsätzlich begrenzte Erfahrung nicht, die allgemeine Aussage zu machen, dass wirklich jedes Ereignis eine Ursache hat.

VERWANDTE THEMEN
siehe auch
FODORS SPRACHE DES GEISTES
Seite 60

DENKER
IMMANUEL KANT
1724–1804

Immanuel Kant hat eine neue Art und Weise entdeckt, wie eine Überzeugung wahr sein kann. Klingt das seltsam? Ja, denn es ist auch seltsam!

HEGEL'SCHE DIALEKTIK

Georg Wilhelm Friedrich Hegel war der Auffassung, dass es die Aufgabe der Philosophie ist, ein begriffliches System zu entwickeln, das unverzichtbar für ein Verständnis der gesamten Wirklichkeit ist (bzw. des „absoluten Geistes", wie er es nannte). Die Entwicklung eines solchen Systems geschieht in einem dialektischen Prozess, in dessen Verlauf weniger angemessene Begriffe der Wirklichkeit durch verbesserte Begriffe überwunden und ersetzt werden, wobei erstere jedoch in letzeren erhalten bleiben. Die „Dialektik" hat eine triadische, also dreifaltige Struktur: Ganz allgemein liegt die Idee zugrunde, dass jeder beliebige Begriff oder jedes beliebige Phänomen („These") in sich selbst widersprüchliche Aspekte entwickeln wird („Antithese"), die eine Bewegung hin zu einer Auflösung des Konflikts („Synthese") erfordern. Ein bestimmter Begriff oder eine bestimmte These (Begriff 1) ist also nicht hinreichend, um die Wirklichkeit zu beschreiben. Er wird in sich Widersprüche enthalten, die das Gegenteil bzw. die Antithese erzwingen (Begriff 2). Die Auflösung dieser Spannung besteht in der Entwicklung einer Synthese (Begriff 3), die die ursprüngliche These und Antithese bewahrt, aber ihren logischen Widerspruch aufhebt. Dies ist ein unaufhörlicher Prozess. Begriff 3 wird zu einer neuen These werden, die wiederum eine Antithese (Begriff 4) hervorruft und so die Bewegung hin zu einer weiteren Synthese (Begriff 5) bedingt. Nach Hegel setzt sich die dialektische Entwicklung in der geschilderten Weise fort, bis sich der absolute Geist seiner selbst als reine Freiheit bewusst wird.

GRUNDGEDANKE

Die Geschichte schreitet in einer dialektischen Entwicklung voran, in deren Verlauf der absolute Geist ein immer genaueres und umfassenderes Verständnis von sich selbst als Gesamtheit der Wirklichkeit gewinnt.

WEITERGEDACHT

Die schwere Verständlichkeit des Hegel'schen Sprachstils führte zu der Vermutung, dass Hegel absichtlich dunkel und wirr geschrieben hat, um einen tiefgründigen Anschein zu erwecken. Der logische Positivismus Anfang des 20. Jahrhunderts raubte der Hegel'schen Philosophie viel von ihrem Reiz, da man nun der Meinung war, dass Aussagen nur dann bedeutungsvoll sind, wenn sie entweder wahr aufgrund von Definitionen oder in der Erfahrung nachprüfbar sind. Für viele ist Hegels Art des Philosophierens ein Beispiel dafür, was in guter philosophischer Arbeit vermieden werden sollte.

VERWANDTE THEMEN

siehe auch
DIE SOKRATISCHE METHODE
Seite 118

DENKER

GEORG W. F. HEGEL
1770–1831

Laut Hegel vollzieht sich unser Verständnis des Universums in einem nie enden wollenden Kampf zwischen Widersprüchen. Indem wir jeden widerstreitenden Standpunkt mittels dialektischer Vernunft überwinden, nähern wir uns der Wahrheit immer weiter an.

JAMES' PRAGMATISMUS

Es gibt nicht viele philosophische Auffassungen, die etwas mit Eichhörnchen zu tun haben, aber der Pragmatismus von William James hat es wohl. James berichtet, wie er nach einem Waldspaziergang seine Freunde über folgende Frage diskutieren hört: Jemand versucht den Blick eines Eichhörnchens zu erhaschen, das sich gleich schnell mit dem Beobachter um einen Baumstamm herumbewegt. Während die Person um den Baum herumgeht, klammert sich das Eichhörnchen während seiner Bewegung an den Baumstamm. Die strittige Frage unter James' Freunden ist nun, ob sich die Person bei ihrem vergeblichen Versuch, dem Eichhörnchen in die Augen zu schauen, um das Eichhörnchen herumbewegt oder nicht. James antwortet darauf mit der Gegenfrage, welcher praktische Unterschied denn überhaupt zwischen einer bejahenden und einer verneinenden Antwort bestehe. Wenn es keinen solchen Unterschied gebe, seien beide Antworten letztlich gleichwertig, und der Streit der Freunde sei müßig.

Ersetzt man das Problem mit dem Eichhörnchen durch philosophische Fragen (z. B.: Sind wir determiniert oder frei? Sind wir bloß eine Anhäufung von Materie oder haben wir einen Geist?), nähert man sich einer markanten philosophischen Position, nämlich der des Pragmatismus. Sie erlaubt es, Entscheidungen in vermeintlich unabschließbaren metaphysischen Disputen zu treffen. Denn nach der pragmatistischen Theorie der Wahrheit ist eine Überzeugung nur dann wahr, wenn sie uns hilft, mit den praktischen Anforderungen des Lebens zurechtzukommen, wenn sie also nützlich, hilfreich, mit einem Wort: praktisch ist. Mehr ist für einen Pragmatisten wie James nicht dran an der Wahrheit.

GRUNDGEDANKE
Nur praktische Unterschiede sind von Bedeutung.

WEITERGEDACHT
Viele Philosophen erheben möglicherweise zu Recht Einspruch gegen die Konsequenzen des Pragmatismus für die Religion. Für James besteht unter bestimmten Umständen die Möglichkeit, zwischen verschiedenen religiösen Auffassungen zu wählen, je nachdem, ob und wie viel Lebensstärke und praktischen Nutzen sie uns versprechen. Eventuell hilft mir der Glaube daran, dass Jesus mich liebt, mein Leben zu bewältigen, aber sollte ich darum darauf schließen, dass er wahr ist?

VERWANDTE THEMEN
siehe auch
MOORES GESUNDER MENSCHENVERSTAND
Seite 136

DENKER
WILLIAM JAMES
1842–1910

Langatmige philosophische Gedankenschleifen immer wieder aufs Neue zu durchlaufen ist nichts als Zeitverschwendung. Wenn sie keinem Zweck dienen, so James, können sie sich niemals wirklich als wahr erweisen.

MOORES GESUNDER MENSCHENVERSTAND

George Edward Moore machte den aus philosophischer Sicht äußerst ungewöhnlichen Schritt, für das zu argumentieren, was vermutlich ohnehin jeder von uns für wahr hält – er nannte dies die Weltauffassung des „gesunden Menschenverstands" (des „Common Sense"). Seine Ansicht stellt einen fundamentalen Bruch mit einer langen philosophischen Tradition dar, die bis zu den Vorsokratikern zurückreicht. Gemäß dieser Tradition kann uns die Philosophie irgendwie über das wahre und grundlegende Wesen der Welt aufklären, indem sie unsere alltäglichen Vorstellungen von den Dingen verwirft. Nach Moore sind die Überzeugungen des gesunden Menschenverstands aber mehr oder weniger richtig: Es gibt eine Erde, die eine bestimmte Zeit lang existiert, es gibt andere Menschen, und es gibt viele andere Dinge in der Welt. Ich weiß dies alles, und alle anderen Menschen wissen es auch. Moore bietet sogar einen berühmten Beweis der Existenz äußerer Dinge an. Er tut dies, indem er eine Hand hochhält und mit einer zeigenden Geste sagt: „Hier ist eine Hand." Zudem hält er seine andere Hand hoch und behauptet, begleitet von einer weiteren Zeigegeste: „Hier ist eine weitere Hand." Also existiert die äußere Welt! Es handele sich um einen perfekten Beweis, da die Annahmen die Schlussfolgerung enthalten würden, aber von ihr verschieden seien. Nichts wüssten wir besser, so Moore, als die Wahrheiten des gesunden Menschenverstands – also z. B. dass die Außenwelt existiert.

GRUNDGEDANKE
Nach Moores Ansicht hält der gesunde Menschenverstand die Hände des Skeptikers unten.

WEITERGEDACHT
Vielleicht verbirgt sich hinter Moores Verteidigung des gesunden Menschenverstands noch etwas Tiefgründiges. Er führt nicht einfach nur Annahmen an, um für eine Schlussfolgerung zu argumentieren. Vielmehr weist er uns auf einen Unterschied hin, der zwischen philosophischen Beweisen der Wahrheit von Aussagen und der Rechtfertigung für das Wissen des gesunden Menschenverstands besteht. Er weiß, dass er eine Hand hat („Schau her, hier ist sie!"), doch die Skeptiker haben möglicherweise Recht, dass er kein schlüssiges Argument dafür vorbringen kann. Aber das macht nichts, denn es ist das Wissen des gesunden Menschenverstands, das zählt.

VERWANDTE THEMEN
siehe auch
JAMES' PRAGMATISMUS
Seite 134

DENKER
GEORGE E. MOORE
1873–1958

Allein mit den Mitteln des gesunden Menschenverstands hielt Moore die gesamte Welt in seinen Händen.

WITTGENSTEINS ABBILDTHEORIE DER SPRACHE

Ludwig Wittgenstein hat sich mit schwierigen philosophischen Fragen der Bedeutungstheorie und der Logik gequält. In seinem *Tractatus Logico-Philosophicus* entwickelte er eine „Abbildtheorie" sprachlicher Bedeutung. Der *Tractatus* beginnt mit dem Satz „Die Welt ist alles, was der Fall ist." und endet mit dem Hinweis „Wovon man nicht sprechen kann, darüber muss man schweigen." Dazwischen entwickelt Wittgenstein in orakelhafter Weise eine Theorie der Sprache, der Logik und der Welt, wobei die Welt aus einer Zusammenstellung von einfachen Dingen zu Fakten besteht und Sprache durch Abbildung Fakten erfolgreich repräsentieren kann.

Wittgenstein zog eine Analogie zwischen der Abbildfunktion von Sprache und der Nachstellung eines Autounfalls mit Hilfe von Spielzeugautos. Eine einfache relationale Aussage „Rab" bildet die Situation ab, in der das Objekt a in einer bestimmten Relation R zum Objekt b steht. Wittgenstein glaubte, dass jeder bedeutungsvolle Satz in einen Satz einer idealen Sprache übersetzt werden kann, der aus einfachen Sätzen und den Wörtern „und", „oder" und „nicht" zusammengesetzt ist. Ein alltäglicher Satz wie „Das Abendessen ist auf dem Tisch." ist in solch einer idealen Sprache also äquivalent mit einem gigantischen Satz, der aus diesen Wörtern und einfachen Sätzen, die sich auf einfache Objekte beziehen, besteht. Es ist indes nicht klar, was genau einfache Sätze und einfache Objekte sind. Dennoch hat Wittgensteins Werk einen immensen Einfluss auf die Philosophie des 20. Jahrhunderts ausgeübt.

GRUNDGEDANKE

In Wittgensteins Abbildtheorie der Sprache entspricht ein Satz einem abstrakten Bild, dessen Struktur eine mögliche Situation darstellt.

WEITERGEDACHT

Wittgenstein war eine charismatische Person. Obgleich es nicht seiner Absicht entsprach, behandelten ihn einige seiner Nachfolger wie eine Kultfigur und imitierten sogar seinen Sprachstil und seine Gesten. Wittgenstein selbst sagte, dass er ein Philosoph wurde, weil ihn philosophische Fragen gequält hätten. Seinen Schülern empfahl er jedoch, sich von der Philosophie fernzuhalten.

VERWANDTE THEMEN

siehe auch
BERKELEYS IDEALISMUS
Seite 128

DENKER

LUDWIG WITTGENSTEIN
1889–1951

Viele denken, dass ein Bild mehr als tausend Worte sagt. Wittgensteins Werk lehrt uns, dass auf ein Bild eher nur ein Wort kommt.

EUROPÄISCHE PHILOSOPHIE

EUROPÄISCHE PHILOSOPHIE

GLOSSAR

Angst Der wichtigste Wegweiser bei der Suche nach dem Verständnis des Nichts und daher, laut Martin Heidegger, auch des Seins. Angst steigt dann in uns auf, wenn wir über unsere Sterblichkeit nachdenken. Damit verbunden ist die Erkenntnis, dass das Nichts nicht nur im Tod auf uns wartet, sondern vielmehr unserem Leben bereits jetzt Gestalt gibt und es zu dem macht, was es ist. Heidegger sieht darin einen Hinweis auf die Verbindung von Nichts und Sein. Ganz allgemein stellt die Angst für existenzialistische Philosophen einen Zugang zum vollen Verständnis der Freiheit dar, also zu dem Gedanken, dass nichts vorherbestimmt ist und man alles Beliebige tun kann.

Dekonstruktion Ein Zweig der Philosophie bzw. eine kritische Methode, die von Jacques Derrida populär gemacht wurde. Danach kann ein untersuchter Text nicht nur eine einzige, einheitliche Bedeutung haben, vielmehr lassen sich ganz verschiedene Bedeutungen in ihm entdecken.

Existenzialismus Eine Sammlung von Lehrmeinungen, die den Grundsatz teilen, der Mensch verleihe seinem Leben dadurch Bedeutung, dass er es auf eine ganz bestimmte, bewusst gewählte Art und Weise lebt. Nach der entgegengesetzten antiken Auffassung ist der Lebenssinn entweder durch die Götter oder vielleicht durch eine wesenhafte Natur festgelegt. Wer seine Freiheit nicht erkennt, ist nach Ansicht des Existenzialisten sich selbst gegenüber unaufrichtig und führt ein schlechtes Leben.

Hermeneutik Die Lehre von der Interpretation von Texten. Das Bemühen, ein Verständnis davon zu entwickeln, wie jemand anderes etwas versteht.

Nihilismus Eine Gruppe von Ansichten, deren Anhänger leugnen, dass objektive Bedeutung und echte Werte Aspekte der Welt sind. Wenn Gott nicht existiere – so argumentieren einige Nihilisten –, gebe es weder eine Quelle der Moral noch objektive Werte. Dann sei aber auch keine Handlung einer anderen vorzuziehen. Die ganze menschliche Existenz sei daher sinnlos.

Radikale Freiheit Nach Ansicht mancher Existenzialisten die wesentliche Eigenschaft des Menschen. Wir mögen nicht in der Lage sein, die uns umgebende Welt zu kontrollieren, aber wir haben die uneingeschränkte, oft sogar belastende Fähigkeit, unsere Handlungen selbst zu bestimmen und uns damit in einem gewissen Sinn immer wieder neu zu erfinden.

Sein Nach Martin Heidegger das vernachlässigte Hauptthema der Philosophie. Er denkt beim Sein nicht an konkrete Einzeldinge, die von den Wissenschaften untersucht werden, sondern an das Sein an sich, an das, „auf dessen Basis alles andere Seiende schon verstanden ist". Alles, was dazu nötig ist, ist eine vollständige Neubetrachtung der Philosophiegeschichte. Dabei würden unsere Fehltritte beim Verstehen des Seins von der griechischen Antike bis in die Moderne offenbar werden.

Text Für einige, die auf dem Feld der Dekonstruktion tätig sind, meint der Begriff „Text“ nicht nur das geschriebene Wort, sondern alles, was „offen für Interpretation“ ist – mündliche Vorlesungen, Bilder, Architektur, sogar Wahrnehmungserfahrungen.

Tod Gottes Friedrich Nietzsches abkürzende Bezeichnung für eine Krise der Werte. Seit wir die Aufklärung intellektuell vollzogen haben – so Nietzsche –, ist es uns nicht länger möglich, an den jenseitigen Werten, die uns der religiöse Glaube anbietet, festzuhalten. In diesem Sinne ist Gott für uns tot. Wir sind nicht mehr in der Lage, einem durch religiösen Aberglauben geprägten Wertesystem aufrichtig Glauben zu schenken. Etwas Wirkliches ist vonnöten, um ein neues Wertesystem zu begründen.

Übermensch Nach Friedrich Nietzsche ist der Mensch angesichts des Todes Gottes mit einer Krise der Werte konfrontiert. Nur etwas, das über den Menschen hinausgeht, nämlich der Übermensch, kann neue Werte schaffen und so die Schrecken des Nihilismus abwenden.

NIETZSCHES ÜBERMENSCH

Der deutsche Philosoph Friedrich Nietzsche wurde dadurch bekannt, dass er den Tod Gottes verkündete. Aus diesem Grunde halten ihn viele für einen Nihilisten, einen Verfechter der Meinung, dass nichts von Bedeutung ist. Aber der Nihilismus ist Nietzsches Ausgangspunkt, nicht sein Ziel. Seine Absicht ist es, uns vor dem Nichts zu retten, und nicht, uns in seine Arme zu treiben. Indem Nietzsche uns sagt, dass Gott tot ist, lenkt er unsere Aufmerksamkeit auf eine Krise der Werte. Er argumentiert, dass wir als Kinder der Moderne, die durch die Aufklärung hindurchgegangen sind, nicht länger an alten Wertesystemen, die auf religiösen Aberglauben gegründet sind, festhalten können. Ohne ein Wertesystem aber sind wir dem Untergang geweiht, verloren im nihilistischen Ozean. Was wir brauchen, ist etwas, das mehr ist als der Mensch, einen Schöpfer neuer Werte in der Welt, ein wahrhaft freies Wesen, das allein bestimmt, was von Bedeutung ist, und lebt, wie es ihm gefällt. Dies ist Nietzsches „Übermensch". Bevor Sie beschließen, diesen Übermenschen toll zu finden, sollten Sie bedenken, dass Sie ihn für überaus erschreckend halten würden. Der Übermensch ist laut Nietzsche ein Kämpfer, ein Eroberer, ein Egomane, der nur auf sich selbst und seine Belange achtet. Sie und ich würden von ihm in den Boden gestampft wie elende Würmer.

GRUNDGEDANKE

Schauen Sie, da oben! Ein Vogel, ein Flugzeug – nein, es ist der Übermensch!

WEITERGEDACHT

Nietzsche wird viel gescholten für seinen Übermenschen, und es ist wahr, dass manches seiner Philosophie von den Nazis missbraucht und auch von nicht wenigen seiner einfacher gestrickten Anhänger falsch verstanden wurde. Nietzsche hat sich wahrscheinlich im Grabe herumgedreht. Er hatte eine klare Meinung zu Rassisten im Allgemeinen und den deutschen Nationalisten im Besonderen: Sie sind allzu menschliche Narren.

VERWANDTE THEMEN

siehe auch
HEIDEGGERS NICHTS
Seite 150

DENKER

FRIEDRICH NIETZSCHE
1844–1900

Das moderne Leben hat sich von Engeln und Aberglauben verabschiedet. Nietzsche füllt die Lücke mit einer größeren und besseren Version unserer selbst.

1844
Geboren in Röcken bei Leipzig

1864
Schreibt sich an der Universität Bonn ein

1868
Trifft Richard Wagner zum ersten Mal

1869
Wird Professor für Klassische Philologie an der Universität Basel

1872
Veröffentlichung von *Die Geburt der Tragödie*

1879
Verlässt die Universität Basel

1883–1885
Veröffentlichung von *Also sprach Zarathustra*

1886
Veröffentlichung von *Jenseits von Gut und Böse*

1887
Veröffentlichung von *Zur Genealogie der Moral*

1900
Stirbt in Weimar

FRIEDRICH NIETZSCHE

Im Januar 1889 beobachtete Friedrich Nietzsche, der große Philosoph, der so brillante Werke wie *Also sprach Zarathustra, Jenseits von Gut und Böse* und *Zur Genealogie der Moral* geschrieben hat, wie ein Kutscher auf der Piazza Carlo Alberto in Turin sein Pferd auspeitschte. Dies war mehr, als er ertragen konnte: Er warf sich um den Hals des Pferdes und brach zusammen. Geistige Umnachtung befiel ihn und er hat nie wieder ein verständliches Wort geschrieben.

Die Tragödie seiner Krankheit war nicht unvorhersehbar gewesen, denn sein Leben hatte sich von Anfang an schwierig gestaltet. Geboren wurde er 1844 als Kind lutherischer Eltern. Nietzsches Vater verlor den Verstand, als Friedrich erst vier Jahre alt war. Dies hielt Nietzsche jedoch nicht davon ab, herausragende Leistungen an der Schule und später an der Universität zu zeigen. Im ungewöhnlich jungen Alter von 24 Jahren erhielt er sogar einen Lehrstuhl für Klassische Philologie an der Universität Basel. Er litt jedoch permanent an seiner schwachen Gesundheit, die ihn so sehr beeinträchtigte, dass er 1879 in der Folge von Migräneattacken, Sehproblemen und Übelkeit dazu gezwungen war, die Universität wieder zu verlassen.

Die nächsten zehn Jahre seines Lebens verbrachte er damit, zwischen Pensionen in Deutschland, Italien und der Schweiz hin und her zu pendeln, fast immer allein und ständig krank. Dessen ungeachtet war dies für ihn eine bemerkenswert produktive Zeit. Allein in seinem letzten aktiven Jahr vollendete er *Der Fall Wagner, Götzen-Dämmerung, Der Antichrist, Ecce Homo* und *Nietzsche contra Wagner*. Nietzsche lebte jedoch nicht mehr lang genug, um das Ausmaß seines Einflusses zu erleben. Er verbrachte seine letzten Jahre in einem Baseler Irrenhaus und später unter der Obhut seiner Mutter. In den letzten Lebensjahren pflegte ihn seine Schwester, die zum Teil dafür verantwortlich zu machen ist, dass Nietzsches Ideen später mit denen des Nationalsozialismus in Verbindung gebracht wurden. Er starb am 25. August 1900 und wurde im Familiengrab beigesetzt.

DERRIDAS DEKONSTRUKTION

Die Vorstellung, dass die Bedeutung sprachlicher Ausdrücke flüchtig, widersprüchlich, vielschichtig und unbestimmt ist, zieht sich durch einen Großteil von Jacques Derridas Werk. Der von ihm geprägte Begriff „Dekonstruktion" meint – einfach ausgedrückt – eine Technik, Texte so zu lesen, dass ihre Bedeutung radikal in Zweifel gezogen wird. Derrida bestreitet die Vorstellung, dass es nur eine korrekte Interpretation eines Textes gibt, die durch Standardbedeutungen von Wörtern festgelegt ist. Vielmehr könne man einen Text so lesen, dass man seine versteckten Widersprüchlichkeiten oder Mehrdeutigkeiten herauskitzelt. Oder man sucht nach dem, was im Text nicht gesagt wird, und zwar in der Hoffnung, dass das Ungesagte mehr über dessen Bedeutung enthüllt als das Gesagte.

Dieser Ansatz stellt den Vorrang der Autorenabsicht in Frage. Derrida glaubte zwar nicht, dass die Intentionen eines Autors im Prozess der Dekonstruktion gar keine Rolle spielen würden. Gleichwohl räumte er die Möglichkeit ein, dass ein Text eine Bedeutung besitzt, die von der Botschaft des Autors erheblich abweicht. Genau besehen heißt das, dass die innere Logik eines Textes eine Lesart nahelegen kann, die weit von dem entfernt ist, was eine übliche Interpretation des Textes liefern würde. Die Dekonstruktion ist also eine Methode, die Oberfläche eines Textes gleichsam zu untergraben, um verborgene Bedeutungsschichten freizulegen. Mit ihr wird versucht, widersprüchliche Logiken in Texten aufzuzeigen, die in herkömmlichen Untersuchungen nur allzu leicht übersehen werden.

GRUNDGEDANKE
Eine Lektüre im Sinne der Dekonstruktion durchdringt die Oberfläche von Texten. Was immer man glaubt, an einem Text verstanden zu haben – es könnte genau das Gegenteil gemeint gewesen sein.

WEITERGEDACHT
In einem bestimmten Sinn ist gegen Derridas dekonstruktive Methode kein Einwand zu erheben. Menschen lesen Texte seit Jahrhunderten immer wieder aufs Neue, um deren versteckte Bedeutungen zu entdecken. Trotzdem gibt es ein Problem mit Derridas Herangehensweise. Gelegentlich scheint er nämlich anzudeuten, dass die flüchtige Natur der Sprache und der selbstbezügliche Charakter von Texten die Vorstellung widerlege, dass sich Worte auf bestimmte Dinge in der Welt bezögen. Dadurch ist allerdings der Unterschied von wahr und falsch gefährdet.

VERWANDTE THEMEN
siehe auch
FODORS SPRACHE DES GEISTES
Seite 60

DENKER
JACQUES DERRIDA
1930–2004

Ist er erst einmal dekonstruiert, beschreibt dieser Text das Bild auf der rechten Seite. Oder etwa nicht?

the pavement, and tr
the soft thrumming of
I glanced into the ca
it might have been an
similar establishments
parts of Andalusia.
walk past when
man in a crumple
got up from
self squarely in
Excuse me
English
than a little annoyed.
me, displaying two ro
gold-crowned teeth
John Baily of the F
photograph
you cut any stock, note the
nensions of parts A and B, opposite p
nd then check your lathe. You may
necessary to alter some of the dimensi
ven. Note also that the holder, or fra
hich carries the spindle is slotted to t
e bushing, F, which also is slotted. T
nstruction permits adjustments wh
minate both lateral and end play a
ake it possible to adjust the spindle, p
for a certain amount of drag, which
sirable when doing some types of wo
The angle bracket, part B
perm
oth late
sible to a
ain am

HEIDEGGERS NICHTS

GRUNDGEDANKE
Es gibt Leute, die sagen, Heideggers Ansichten seien viel Lärm um nichts.

WEITERGEDACHT
Heideggers Worte sind aufwühlend, gewiss – aber bedeuten sie überhaupt irgendetwas? Heidegger ist seit der Mitte des letzten Jahrhunderts der Prügelknabe der analytischen Philosophie. Deren Vertreter hatten sich zum Ziel gesetzt, sämtliche dunklen und unverständlichen Ausdrucksweisen aus der Philosophie zu verbannen; daher wurden Heideggers Schriften zu einem gefundenen Fressen für sie. Laut Alfred J. Ayer, Bertrand Russell und anderen ist das, was man erhält, wenn man versucht, die Bedeutung seiner Schriften auf den Punkt zu bringen, nichts.

Der deutsche Philosoph Martin Heidegger behauptet allen Ernstes, dass der Verlauf der abendländischen Philosophiegeschichte auf einem Fehler beruht. Die Philosophen hätten sich metaphysischen Fragen stets dadurch genähert, dass sie dieses oder jenes Einzelding oder Seiende betrachtet hätten, aber nie das Sein selbst, das Sein als solches, das, was der Existenz von Einzeldingen mit ihren Eigenschaften allererst zugrunde liegt. Ein Teil der Bemühungen Heideggers, das so verstandene Wesen des Seins zu erforschen, ist seine Betrachtung des Nichts. Diese führt zu einer der wahrscheinlich drängendsten Fragen der Metaphysik, vielleicht sogar der einzig wahren Frage der Philosophie: „Warum existiert etwas und nicht vielmehr nichts?“ Um diese Frage zu beantworten, müssen wir eine Vorstellung davon bekommen, was das Nichts überhaupt ist. Das Nichts ist nicht unter den Einzeldingen zu finden, es ist überhaupt keine Art von Ding, aber es ist genau genommen auch nicht einfach nur die Abwesenheit von etwas. Während der sorgfältigen Reflexion über das Nichts machen wir laut Heidegger die Erfahrung der Angst, und diese Erfahrung ist der beste Hinweis darauf, wie das Wesen des Nichts aufzufassen ist. Das Gefühl von Angst steht in enger Verbindung mit dem unvermeidbaren Nicht-Sein, das uns mit dem Tod erwartet. Indem wir das Nichts auf diese Weise betrachten, nämlich als unsere Grenze oder Beschränkung, gelangen wir an den Punkt, das Nichts nicht als Gegenteil des Seins zu betrachten, sondern als das, was das Sein formt und bestimmt.

VERWANDTE THEMEN
siehe auch
ICH DENKE, ALSO BIN ICH
Seite 36

NIETZSCHES ÜBERMENSCH
Seite 144

DENKER
MARTIN HEIDEGGER
1889–1976

BERTRAND RUSSELL
1872–1970

ALFRED J. AYER
1910–1989

Laut Martin Heidegger liegt allem das Nichts zu Grunde – nada, niente, gar nichts. Wie fühlt sich das für Sie an?

UNAUFRICHTIGKEIT À LA SARTRE

Jean-Paul Sartre, der französische Existenzphilosoph, ist für die Überzeugung berühmt geworden, dass der Mensch immer und überall radikal frei ist. Allerdings hat diese Freiheit einen Preis: Wir erfahren Angst und Unsicherheit, wenn wir uns der Tatsache bewusst werden, dass wir uneingeschränkt verantwortlich für unsere Entscheidungen sind. Der Ausdruck „Unaufrichtigkeit" – „mauvaise foi" – bezeichnet die Strategien, die wir anwenden, um unsere unausweichliche Freiheit zu leugnen. Üblicherweise tarnen wir uns als träge Objekte, sodass wir uns selbst wie willenlose Dinge erscheinen. Auf diese Weise können wir abstreiten, für unsere Entscheidungen verantwortlich zu sein, und befreien uns so von der Unsicherheit der Freiheit. In einer heiklen moralischen Entscheidungssituation können wir uns beispielsweise einreden, durch die Anforderungen unseres Berufs, die herrschende Moral oder die Verantwortung gegenüber unserer Familie zu einer bestimmten Handlungsweise gezwungen zu sein.
In Wirklichkeit können wir unserer Freiheit jedoch niemals entkommen, denn sie ist fest in die Struktur unseres Bewusstseins eingeprägt. Das Paradox der Unaufrichtigkeit besteht darin, dass wir uns gleichzeitig unserer Freiheit bewusst und auch wieder nicht bewusst sind.

GRUNDGEDANKE

Wie sehr Sie auch darauf beharren, dass es nicht Ihr Fehler war, das letzte Stück Kuchen zu nehmen. Sie wissen ganz genau, dass Sie es aus freiem Willen getan haben.

WEITERGEDACHT

Sartres Entwurf der radikalen Freiheit ist eindrucksvoll, aber problematisch. Timothy Sprigge hat eingewendet, dass er biologische Gesichtspunkte nur unzureichend berücksichtigt. Man denke an eine Person, die unter Alkoholeinfluss steht. Zumindest ein Teil ihres Verhaltens wird durch die Wirkung des Alkohols auf ihr Gehirn hervorgerufen. Wenn wir jedoch zugestehen, dass unsere Biologie eine Rolle spielt, warum berücksichtigen wir sie nicht auch in Fällen, in denen kein Alkohol im Spiel ist? Unser Verhalten ist letztlich eine Funktion des Gehirns, auch wenn sich keine giftigen Substanzen im Blut befinden.

VERWANDTE THEMEN

siehe auch
LAPLACE'SCHER DÄMON, DETERMINISMUS & FREIER WILLE
Seite 74

DENKER

JEAN-PAUL SARTRE
1905–1980

TIMOTHY SPRIGGE
1932–2007

Wenn wir noch ein Stück Kuchen essen oder ein zweites Bier trinken, können wir dann behaupten, nur Befehlen zu gehorchen?

AUTORENVERWEISE

HERAUSGEBER

Barry Loewer ist Professor für Philosophie und Direktor des Instituts für Philosophie der Rutgers University, New Jersey. Zu seinen Arbeitsgebieten gehören die metaphysischen Grundlagen der Naturwissenschaften, die Philosophie der Physik und die Philosophie des Geistes. Zusammen mit Georges Rey hat er *Meaning in Mind* und zusammen mit Carl Gillett *Physicalism and its Discontents* veröffentlicht. Zudem hat er viele Aufsätze zur Philosophie der Quantentheorie, der Metaphysik von Naturgesetzen und des Zufalls sowie der Philosophie des Geistes publiziert. Er hat in diesem Buch die Beiträge auf den folgenden Seiten verfasst: 16, 18, 22-28, 44-48, 70, 110, 138.

VERFASSER

Julian Baggini ist Autor einiger Bücher, darunter *The Pig that Wants to be Eaten and 99 Other Thought Experiments, Welcome to Everytown: A Journey in the English Mind* und *Complaint*. Er ist Mitbegründer und Herausgeber von *The Philosophers' Magazine*. Außerdem hat er für viele Zeitungen und Zeitschriften geschrieben, unter anderem auch für den *Guardian* und *The Herald*. Er ist regelmäßig Gast in Radiosendungen wie beispielsweise *In Our Time* von BBC Radio Four. Er hat in diesem Buch die Beiträge auf den folgenden Seiten verfasst: 30, 38, 58, 68, 72, 82, 108, 112, 118, 120.

Kati Balog ist gebürtige Ungarin und hat ihren Abschluss in Philosophie in den Vereinigten Staaten abgelegt. Sie ist Associate Professor für Philosophie an der Yale University. Ihre vorrangigen Forschungsgebiete sind die Philosophie des Geistes und die Metaphysik. Gegenwärtig verfasst sie eine Monographie zum Körper-Geist-Problem und dem Wesen des Bewusstseins. Sie untersucht, was es heißt, in der Zeit dieselbe Person zu sein, und welche Rolle unser Nachdenken über diese Frage für unsere Psychologie spielt. Sie arbeitet in der analytischen Tradition, studiert aber auch den Buddhismus, der ihre philosophischen Ansichten beeinflusst hat. Sie hat in diesem Buch die Beiträge auf den folgenden Seiten verfasst: 56, 60-62, 66, 74-76.

James Garvey ist Geschäftsführer des Royal Institute of Philosophy. Er hat einige Bücher geschrieben, darunter *The Twenty Greatest Philosophy Books*. Er ist Co-Autor von *The Great Philosophers*. Er hat in diesem Buch die Beiträge auf den folgenden Seiten verfasst: 86, 100, 106, 122-124, 128-130, 134-136, 144, 150.

Jeremy Strangroom ist Mitbegründer und Redakteur für neue Medien von *The Philosophers' Magazine*. Er ist Auto zahlreicher Bücher, z. B. von *Why Truth Matters* (zusammen mit Ophelia Benson), das von dem Magazin *Prospect* zum Buch des Jahres gekürt wurde, und von *What Scientists Think*. Er wurde an der London School of Economics in Sozialtheorie promoviert und lebt zurzeit in Toronto, Kanada. Er hat in diesem Buch die Beiträge auf den folgenden Seiten verfasst: 36, 42, 50, 84, 90-94, 102, 132, 148, 152.

QUELLEN DER AUTOREN

BÜCHER

The Basic Writings of Nietzsche
Friedrich Nietzsche
Peter Gay (introduction)
Walter Kaufmann (translator)
(Modern Library, 2000)

Complete Works of Aristotle (Vols 1 & 2)
Aristotle J. Barnes (editor)
(Princeton University Press, 1971/1984)

The Collected Dialogues of Plato
Plato
Edith Hamilton, Huntington Cairns (editors)
Lane Cooper (translator)
(Princeton University Press, 2005)

Conjectures and Refutations
Karl Popper
(Routledge, 2002)

The Conscious Mind
David J. Chalmers
(Oxford University Press, 1999)

Critique of Pure Reason
Immanuel Kant
Paul Guyer, Allen W. Wood (editors)
(Cambridge University Press, 1999)

Deconstruction for Beginners
Jim Powell
(For Beginners, 2008)

Gödel's Proof
Ernest Nagel and James R. Newman
(Taylor & Francis, 2007)

Fact, Fiction, and Forecast
Nelson Goodman
(Harvard University Press, 2006)

Matter and Consciousness: A Contemporary Introduction to the Philosophy of Mind
Paul M. Churchland
(MIT Press, 1988)

Meditations on First Philosophy
René Descartes
Michael Moriarty (translator)
(Oxford University Press, 2008)

A New Aristotle Reader
J. L. Ackrill (editor)
(Princeton University Press, 1988)

The Philosophy of Jean-Paul Sartre
Jean-Paul Sartre
(Vintage, 2003)

Think: A Compelling Introduction to Philosophy
Simon Blackburn
(Oxford Paperbacks, 2001)

A Treatise of Human Nature
David Hume
(Oxford University Press, 1967)

What Does It All Mean?
Thomas Nagel
(Oxford University Press, 1987)

Wittgenstein: A Very Short Introduction
A. C. Grayling
(Oxford University Press, 2001)

ZEITSCHRIFTEN

The Philosophers' Magazine
www.philosophersnet.com

Philosophy NOW
www.philosophynow.org

THINK
www.royalinstitutephilosophy.org/think

WEBSITES

EpistemeLinks
www.epistemelinks.com/
Comprehensive list of links to philosophy resources on the Internet

Guide to Philosophy on the Internet
www.earlham.edu/~peters/philinks.htm
Classified list of philosophy resources

Philosophy Seites
www.philosophySeites.com
Aids to the study of philosophy, including a study guide, dictionary, timeline, discussion of major philosophers, and links to e-texts

INDEX

Noch Fragen?